# 如何培养孩子的科学逆商 AQ

陈金平 李贺 李坚坚 ◎著

辽宁人民出版社

©陈金平　李贺　李坚坚　2023

图书在版编目（CIP）数据

如何培养孩子的科学逆商 / 陈金平，李贺，李坚坚著. — 沈阳：辽宁人民出版社，2023.9
ISBN 978-7-205-10786-4

Ⅰ.①如… Ⅱ.①陈…②李…③李… Ⅲ.①挫折教育－儿童教育－家庭教育 Ⅳ.①G781

中国国家版本馆CIP数据核字（2023）第112639号

出版发行：辽宁人民出版社
　　地址：沈阳市和平区十一纬路25号　邮编：110003
　　电话：024-23284191（发行部）　024-23284304（办公室）
　　http://www.lnpph.com.cn

印　　　刷：凯德印刷（天津）有限公司
幅面尺寸：165mm×225mm
印　　张：13.5
字　　数：162千字
出版时间：2023年9月第1版
印刷时间：2023年9月第1次印刷
责任编辑：孙姣娇
封面设计：胡椒书衣
版式设计：陈　昊
责任校对：耿　珺
书　　号：ISBN 978-7-205-10786-4
定　　价：56.00元

# 前　言

现在的家庭教育中，离不开培养孩子逆商的话题。

什么是逆商呢？

逆商，简称"AQ"，是英文"Adversity Quotient"的缩写，也被称为"挫折商"，是指人在面对逆境时的反应方式，即人在面对挫折和困难时，应对挫折和摆脱困难的能力。

有一个著名的公式：成功=智商+情商+逆商。其中，逆商占80％。可见，逆商是一个人获得成功的关键因素之一。

巴顿将军说，衡量一个人是否成功，不是看他抵达顶峰时的高度，而是看他在低谷时的反弹力。反弹力指的就是逆商。如果一个人不具备一定的逆商，那么他的承受能力一定是有限的，也不具备抗挫折的能力。

随着时代的进步，越来越多的父母明白，逆商对孩子的成长至关重要且具有不可替代性。

人的生活不可能一帆风顺，或多或少都会经历挫折和困难，如果没有逆商，孩子可能无法承受困难和挫折，当然就很难走向成功。

培养逆商的本质，就是培养孩子的独立人格。拥有独立人格，孩子可以充分相信自己，不懦弱，不自卑，不会因为依赖他人而放弃自己；拥有独立人格，孩子可以自主思考，面对是非对错，有自己的判断与立场；拥有独立人格，孩子可以独立承受压力，积极解决问题，努力寻找克服挫折和困难的方法；拥有独立人格，孩子便不会逃避和推卸责任，而是敢作敢当，为自己的行为负责……

孩子是独立的个体，不属于任何人，只属于他自己。他是独立的、自主的，能自己把握自己的生活，可以自由发展。对于孩子来说，独立的人格，不仅仅是行为上的独立，更多的是心理上和精神上的独立。这样，孩子的内在精神支柱就是他自己，而不是任何外在的人或者事物。

父母应该如何培养孩子的独立人格，让孩子拥有强大的逆商呢？

首先，应该把握孩子建立自信的最佳时期，帮助孩子建立清晰的认知，而不是掌控孩子，按照自己的意愿把孩子打造成自己想要的模样。

其次，应该培养孩子独立思考、自我管理、自我保护的能力，提升孩子的自信力、自控力和自律力。

再次，不应该溺爱孩子，不能只是满足孩子的物质需求，要学会放手，教会孩子独立生活的能力，让孩子像雏鹰那样自由自在地翱翔。

最后，应该陪伴孩子，理解孩子，尤其是在孩子遇到挫折或处于艰难环境时，应给予支持与鼓励，引导孩子练就一颗强大的内心，成为一个情绪稳定和人格稳定的人。

逆商是一种综合能力，在孩子小时候，父母就应该培养，让孩子和逆商成为亲密无间的好朋友。当孩子能够和挫折、逆境和谐相处时，自然就拥有强大的独立人格，可以自己创造美好的未来。

本书由陈金平老师、李坚坚老师和李贺老师共同打造，从提升孩子的自主能力、独立能力、自信力、自控力、独立承担压力的能力、自我保护的能力等多方面能力，帮助家长培养孩子的逆商。本书语言轻松自然，大量真实事例可以让家长借鉴参考，并快速掌握让孩子与逆商交朋友的方法和技巧。

# 目 录

## 第一章 父母是孩子的"有限责任人"

拒绝做掌控欲父母 / 3

"妈宝男"的养成 / 8

最可怕的"我是为了你好" / 13

"有限责任家庭" / 17

"不行"的伤害 / 21

别用父母的理想,绑架孩子的人生 / 25

## 第二章 无界限助力将杀死独立

独立,是孩子必备的生存能力 / 33

独立,才有资格选择生活方式 / 37

父母"万事俱备",孩子"万事俱废" / 40

独立从家务劳动开始 /44

适度"放养" / 48

给孩子独立的空间 / 52

## 第三章　学会正确保护自己——孩子内心独立强大的前提

孩子总要独自一人 / 59

讲讲"暗黑系"童话 / 62

教授孩子保护自己的方法 / 66

自我保护的秘诀：拥有辨别是非的能力 / 70

如何面对霸凌 / 73

对孩子进行性教育很重要 / 77

## 第四章　允许孩子犯错

给孩子制造犯错的机会 / 85

允许孩子犯错并带他分析原因 / 89

学会调整情绪 / 93

让孩子独立改正错误 / 97

引导孩子勇于认错 / 101

要在错误中学会成长 / 105

## 第五章　陪孩子一起疗愈创伤后的危机情绪

不过分在意外界对孩子的评价 / 111

父母的大力支持很重要 / 115

挫折中的孩子需要鼓励 / 118

父母是孩子最好的听众 / 122

教孩子学会坦然 / 125

理解孩子的委屈 / 129

## 第六章　拥有自信力更容易出人头地

淡化孩子的苛求心理 / 135

只与自己比进步，不与别人比不足 / 139

别质疑孩子的能力 / 143

自信的父母是孩子的榜样 / 146

不吝啬夸奖 / 149

## 第七章 其实孩子更需要柔韧性

保护孩子的弹性思维 / 159

引导孩子学会变通 / 163

让孩子学会适时、适度的柔软 / 166

培养孩子坚定且温和的灵魂 / 169

学会隐忍，厚积薄发 / 173

既要善良，也要冷漠 / 177

既要把握，也要放手 / 181

## 第八章 掌控内心的孩子才能掌控自己

教孩子缓解压力的办法 / 187

提升孩子的适应力 / 194

培养孩子自律 / 198

帮助孩子消除恐惧感 / 201

提升孩子的承受力 / 205

# 第一章
## 父母是孩子的"有限责任人"

孩子就像花儿一样，父母将他们密不透风地呵护在自己的羽翼下，无异于将他们放在温室里。这样的孩子将缺乏面对挫折的勇气，将很难学会真正独立，无法成为有自我、有自信、能自立的人。

所以，父母需要意识到，我们只是孩子的"有限责任人"，要在孩提时就给予其真正的独立权。

## 拒绝做掌控欲父母

在与孩子相处时，作为父母的你，感受到的是轻松，还是疲惫？如果是疲惫，那么你需要思考一番，你的疲惫来自哪儿？

孩子在一旁玩耍时，是否你的注意力总是集中在孩子的言行上？孩子在面对选择时，是否你已经替孩子分析了利弊，做好了选择？孩子准备做自己的事情时，是否你已经替他着手做了？如果将孩子的人生当作自己的另外一个人生，当然会感到疲惫。归根结底，疲惫来自你对孩子的掌控欲。

对父母来说，掌控欲会令自己疲惫；对孩子来说，掌控欲将会为他们的人生带来无尽的痛苦与伤害。

有这样一档纪录片，讲述一个城里的女孩独自去农村生活。女孩已经16岁了，却是第一次离开父母独自生活。她独立生活的第一天就一团糟。她不能很快地融入当地，无法料理自己的生活，面对困难她显得茫然无措，只能崩溃大哭。她无措与脆弱的背后，是父母对她浓浓的掌控欲。

女孩的每一个朋友，父母都会替她把关；在女孩和朋友外出吃饭时，不管她有没有吃完，父母让她回家时就必须立即回家；当女孩想要学习长笛时，父母却替她报了钢琴课……

在现实生活中，有太多的父母打着为孩子好的旗号，冠冕堂皇地对孩子实施掌控。殊不知，掌控欲是魔鬼，正在一点点吞噬孩子。每一个被掌控的孩子，内心都渴望独立与自由。在父母的掌控欲下成长的孩子会面临很多问题。

孩子会逐渐失去自主想法。

掌控欲强的父母，无疑是强势的，无论这种强势是直接的还是间接的，都会剥夺孩子的选择权和独立思考的意识，令孩子在不知不觉中成为没有想法的提线木偶。这样长大的孩子不能自如地做自己，就像是一个高仿品，脱离不了赝品的特质。

孩子的性格会变得自卑、懦弱。

掌控欲强的父母，在孩子的眼里就像是一座不可跨越的高山，会将孩子压得喘不过气来，令孩子逐渐失去自我，变得自卑、懦弱，这种特性不仅会在父母面前展现，而且会在其他任何时候展现。

孩子将缺乏独立性。

掌控欲强的父母，其掌控的欲望会侵入孩子生活的每一个缝隙，会帮孩子处理生活中的每一个细节。在父母的包揽之下，孩子会一点点地丧失独立和自我意识。这些痛苦就如同一个雪球，会随着孩子的长大，越滚越大，最后成为孩子的灾难。而这个灾难，父母无法永远替孩子解决。

孩子无法学会自我管理。

孩子要学会自我管理，就需要自由独立。父母限制和控制得越多，孩子的依赖性越强，对自己没要求，不懂约束自己，更不懂管理自己。这样下去，孩子就做不好事情，不敢面对困难，很容易陷入被动，容易没有成就感，也会因此错失很多机会。

孩子是具有独立人格的，他有自己的人生，需要实现自己的价值，父母不应该将孩子的人生当作自己的另一段人生。所以，每一对父母都需要警惕自己的掌控欲，不要令你的掌控欲成为孩子痛苦的源泉。

在我们的训练营中，媛媛妈妈这位学员的例子十分经典。

因为媛媛是他们夫妻的第一个孩子，又是女孩，所以妈妈对孩子的成长和未来，注入了太多期望，对媛媛生活中的每一个细节都格外关注。

在别人出于对媛媛的喜爱给她糖果时，妈妈教导她，妈妈说可以才能收下；在看到熟人时，妈妈会要求她主动打招呼，哪怕她并不愿意；在她对攀岩很感兴趣时，因为妈妈不喜欢，就在第一时间将媛媛的兴趣扼杀在摇篮里，并告诉她危险的事情要远离……

在最初的时候，妈妈并不认为自己对媛媛的教育是基于对她的掌控欲，直到发生了一件事，这位妈妈才意识到她是在掌控孩子的人生。

媛媛从小就可爱、漂亮，妈妈很热衷于打扮孩子，每一天的衣服都是由妈妈搭配好的。有时，孩子会有自己的搭配想法，但妈妈认为孩子搭配得不好看，就毫不犹豫地拒绝。就这样，媛媛已经到了7岁，还是由妈妈给她选择每天要穿的衣服。

有一天早上，因为工作，妈妈没有来得及给媛媛搭配当天要穿的衣服。媛媛起床后直奔书房，问妈妈，今天她要穿哪件衣服。因为当时很忙，妈妈就跟她说自己随便选一套。媛媛听后，懂事地离开了。当妈妈忙完事情，去她的房间时，媛媛依旧穿着睡衣。妈妈问她怎么还没有换衣服，媛媛很无措地告诉妈妈她不知道要穿哪件。

那时候正是冬天，即使家里开了空调，也会感到凉意。媛媛因为拿不定主意，就一直穿着睡衣站在衣柜前，因此得了重感冒。

很多时候，家长对孩子的控制欲是不自知的，这位妈妈就是如此。在我们举办的"赋能对话"训练中，曾细致分析控制型父母与赋能型父母对孩子的影响。媛媛妈妈讲述了上面的事情，经过分析，媛媛妈妈开始反思对媛媛的教育是否源于自己的掌控欲。

媛媛妈妈在意识到自己是一个掌控型母亲之后，开始有意识地反思自己。媛媛妈妈从"赋能对话"训练中学习到，控制孩子只会让孩子怀疑自己的感知与判断，慢慢地就不再相信自己的判断了。她开始明白，父母应该做的是启发、引导孩子做自己，而不是要求孩子按照父母的想法去做，父母要尊重孩子的想法，并鼓励孩子按照自己的想法去做。

孩子就像是一棵小树苗，在成长的过程中，需要父母引领他们积极向上地成长。但这个引领是唤醒，是赋能，是启发，而不是直接告诉孩子按照家长设定的线路成长，甚至限制孩子自由成长。作为父母，绝不能基于掌控欲来教育与爱护孩子。

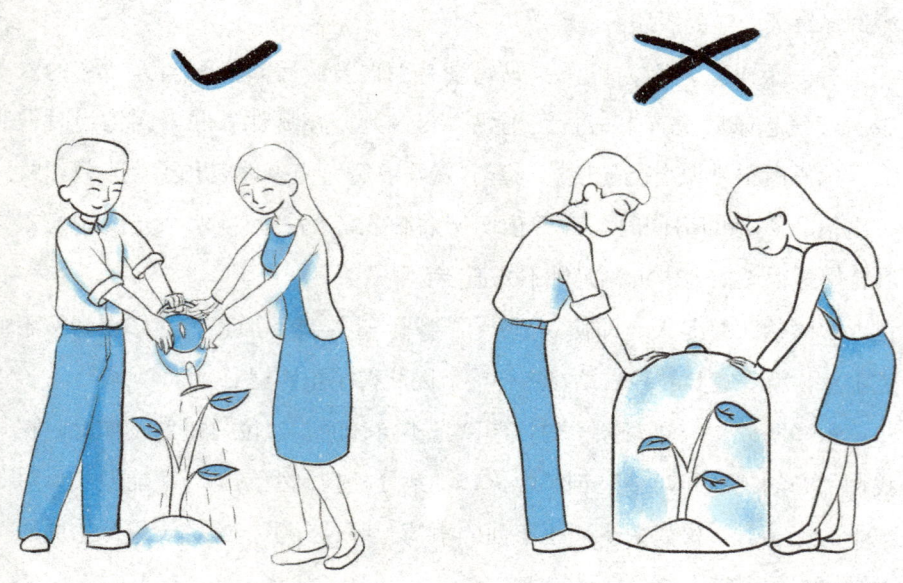

**图 1　请正确爱护你的树苗**

在戒掉对孩子的掌控欲方面，给家长们三点建议：

1.学会觉察与反思和孩子的相处时光。

父母的掌控欲不一定都是显性的，很多时候是带了伪装的，有的父母甚至会被自己"骗"了，因为掌控欲常常披着一层名为"爱"的外衣。在"爱的掩饰"之下，在与孩子相处时，父母便意识不到自己的掌控欲，也察觉不出自己的言行会给孩子带来伤害。所以，父母需要敏锐地觉察与反思和孩子相处的时光中是否存在掌控欲。只有察觉到掌控欲的表现，才能有意识地戒掉。

2.将孩子放在与自己平等的位置。

很多父母不会有意识地将孩子当作一个独立的个体，而是下意识地将孩子当作私有物。当父母摆出高姿态与孩子相处时，流露出来的就是掌控欲。所以，父母需要学会尊重孩子，将孩子放在与自己平等的位置，试着以"朋友"的身份聆听孩子的想法。

在一次"爱在我家——青少年优势生命力"的训练中，一个孩子说："我在游戏中的队友比我的父母懂我，我和队友很聊得来。"父母与孩子相处中，会下意识地认为自己是对的，自己有经验，自己是成年人，却忽略了孩子看世界的眼光与角度，孩子对世界有自己的感知和诠释。当父母把自己放在与孩子平等的位置时，才有机会看到孩子眼中的世界，父母在引导孩子时，才不会出现自说自话的情况，孩子也不会觉得父母不懂自己。

3.对孩子放手不等于对孩子放任。

在意识到掌控欲对孩子的伤害后，很多父母会下意识对孩子放手，训练孩子独立生活和生存的能力，让他们自主做事、自由发展。但是需要注意的是，放手不等于放任。比如，一个刚学走路的孩子，当他掌握了平衡感，可以蹒跚而行时，父母可以放手，但仍需要守护在他的身边，在他走向水潭时，施以援手。在孩子的成长过程中，父母可以放手，但依然要注意孩子是否在正确的轨道上,当他们走上歧途时,要及时地引导他们返回正途。

优秀的孩子不是靠父母的掌控,而是经由逆的磨炼。父母要学会放手,给予孩子独立和自由,孩子可以通过自己的行为建立自己与结果的关系,父母只需要在合适的时候加以启发与引导,孩子就能安全、自由地翱翔在他们渴望的蓝天之上。

### "妈宝男"的养成

孩子在幼儿时期,最依恋的人之一就是妈妈,这种依恋是一种天性。随着孩子的成长、独立,这种依恋会逐渐减少,孩子会从生活和心理上与妈妈分离,过自己的人生。可倘若孩子一直没有自理能力,不懂自我管理,妈妈也不重视这种情况,孩子的生活和心理就会出问题。尤其是男孩,在妈妈包办的情况下极有可能会成为一个"妈宝男"。

"妈宝男"原是一个网络流行词,指被妈妈宠坏了的男孩子。妈妈习惯把孩子保护得很好,很多事情替孩子做主,孩子被照顾也被安排,这样长大的孩子,会事事以妈妈为中心,总是认为妈妈是对的,对妈妈言听计从,缺少自己的独立观点,长大后也没有担当和责任感。据社会学调查,在恋爱与父母关系中,"妈宝男"占据了最令人讨厌的男性类型的榜首。

判断孩子是否是一个"妈宝男",可以观察一下孩子身上是否有以下行为:

很爱黏着妈妈;

重要的事情都听妈妈的话；

在妈妈的面前很爱撒娇；

总要求跟妈妈一起睡；

即便成年，个人生活依旧靠妈妈安排；

按照妈妈的标准找女朋友；

心智与年龄不符合；

遇到选择的时候，全都询问、听从妈妈的意见；

喜欢将妈妈的话挂在嘴边；

话语中永远带有"我妈妈"的字样；

……

当孩子有以上这些特征时，那么就要警惕了，孩子有可能会逐渐成为"妈宝男"。

"妈宝男"是从小养成的，它的成因主要有两个：一个是妈妈对孩子的溺爱，一个是孩子对妈妈的过分依赖。"妈宝男"以妈妈为中心，与其他孩子相处时会缺乏共同语言，令孩子在集体活动与协作中出现障碍，甚至造成社交障碍。成为"妈宝男"将对孩子的人生有非常大的危害，具体有以下几方面。

缺乏独立性。妈妈将孩子照顾得无微不至，会令孩子失去动手的机会。而动手能力的丧失，意味着独立性缺失，当孩子遇到困境时，会逐渐束手无策。

缺乏主见。妈妈将孩子的事处理妥当，从不让孩子烦恼。孩子在遇到困难时，就不会独立思考，而是先找妈妈解决，逐渐变得没有主见，不会追问和质疑，容易被他人的意见左右，容易盲从和随波逐流。

缺乏责任感。妈妈对孩子过分溺爱，在孩子做事半途而废，或为自己的行为找借口时，妈妈不给予孩子正确的引导，反而替孩子找理由。孩子

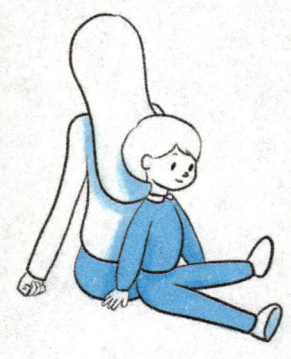
孩子很爱黏着妈妈

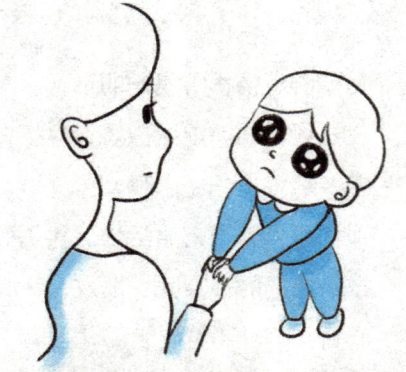
孩子在妈妈的面前很爱撒娇,比女孩还要娇滴滴

不管孩子的年纪有多大,都要和妈妈一起睡

孩子在遇到选择的时候,喜欢询问、听从妈妈的意见

孩子遇事的时候喜欢拿妈妈当挡箭牌

孩子所说的话语中,永远不会缺席"我妈妈"这几个字

图2 "妈宝男"的特征

就会渐渐变得缺乏责任感，不能对自己的行为负责。

容易好高骛远。妈妈为孩子提供好的物质条件以表达自己对他的爱，久而久之，孩子会变得好高骛远，什么都要最好的。这样的性格会令孩子在未来高不成、低不就。

由此可见，妈妈对孩子的溺爱无异于捧杀。

在我们训练营，有一个学员的儿子名叫晓峰，今年9岁。和许多小男孩一样，晓峰在很小的时候，也极其黏妈妈。可能是因为和姐姐仅相差两岁，为了获得妈妈更多的关注，他比姐姐更会撒娇。

起初，妈妈并没有觉得孩子对妈妈撒娇和依赖有什么不妥，甚至妈妈还很享受晓峰对自己的亲近。直到妈妈总是听到晓峰将"我妈妈说的"挂在嘴边，妈妈才逐渐意识到自己对晓峰的影响，晓峰隐隐有成为"妈宝男"的预兆。

妈妈在课堂中说，在晓峰5岁时，晓峰爸爸教他溜冰。刚开始，晓峰很感兴趣，但摔了几次后，晓峰就赖在地上不起来。爸爸鼓励孩子勇敢地站起来，但孩子就是不愿意，嘴里还嘟囔着"我妈妈说了不能做危险的事"。孩子的意思是，溜冰很危险。这句话妈妈确实和晓峰说过，但妈妈当时指的是不要触碰电、不要靠近池塘和小河。

晓峰在和其他孩子玩耍时，也常常会将"我妈妈说"挂在嘴边。譬如，其他孩子在摘花草时，他会制止，并说"我妈妈说，不能伤害花草，花草也会疼"；当晓峰和年龄比他大的孩子起争执时，他会说"我妈妈说，大孩子要让着小孩子"；和其他孩子聊天时，晓峰的话里总是带着"我妈妈说"。

单独看这些现象并不觉得有什么问题，但是综合起来看，就会发现问题很大。孩子总说"我妈妈说"，意味着已经开始以"我妈妈"为中心，不考虑别人的感受，倘若再不引导，无疑会成为"妈宝男"。

训练营开始之后，晓峰妈妈开始反思对晓峰的爱，她发现，每当晓峰对自己撒娇时，自己都会妥协。于是，晓峰妈妈开始重新审视自己对儿子的爱。

在妈妈与孩子的相处中，陈老师有以下几点建议：

1.建立爱的原则与底线。

父母想要让孩子健康快乐地成长，必然要给予孩子关爱。但是，父母也要明白"水满则溢，月满则亏"的道理，一旦对孩子的爱超过了尺度，对孩子的心理健康发展是有害无益的。

爱孩子绝不是溺爱孩子，在与孩子相处时，一定要有原则和底线。当孩子触碰到原则与底线时，父母不能一味妥协，要让孩子看到父母对原则与底线的坚守，父母的态度、立场一定要坚定，一定要让孩子明白原则与底线，提升孩子认知，训练孩子的自控力，让孩子在认知与体验上同时提升，更容易让孩子接受。

2.让孩子体会逆境。

"妈宝男"的生活环境都是安逸的，因为妈妈在为孩子负重前行、挡风遮雨。但是，这样舒适的环境对孩子并不是完全有益的，长此以往，会令孩子无法独立，失去面对困难的勇气，缺乏信心。当孩子没有父母在身边为他保驾护航时，他们该怎么办呢？父母能陪伴孩子一生吗？孩子需要在逆境中锻炼解决问题的能力，父母也要相信孩子有解决问题的能力。

在日常生活中，父母要为孩子保留逆境，以培养他们独立自主思考问题、面对问题、解决问题的能力，并在解决问题的过程中锻炼意志力和适应力，提升面对困难的勇气和信心，与事情的结果建立健康关系。

3.增强爸爸的存在感。

在孩子的成长过程中，父亲是不可缺失的。多与父亲相处，可以有效培养孩子的男子汉气概，快速学会独立。当妈妈发现孩子对自己过于依赖时,要适当淡化"妈妈"这一角色,增强"爸爸"这一角色在孩子心中的存在感,可以多在孩子面前夸赞爸爸的优点。同时,多让孩子与爸爸相处,让爸爸带孩子做喜欢的事,让孩子找到自我价值。需要注意的是,当爸爸陪伴孩子的时候,妈妈不能随意指责爸爸。

## 最可怕的"我是为了你好"

在孩子还小的时候,陈老师曾经陪孩子看过一部动画电影,这部电影讲述的是一个小男孩追求音乐梦想的故事。但我的关注点是主人公祖母说的那句"我是为了你好"。

电影围绕一个小男孩展开,小男孩非常喜爱音乐,每次演奏音乐的时候,男孩的脸上都溢满笑容。但是,小男孩的祖母很反感音乐,并禁止他触碰音乐。因为祖母的丈夫就是为了追寻音乐梦想而抛弃了家庭,所以,她认为音乐是灾难,会毁掉幸福。

虽然小男孩对祖母的反对很难过,但他并没有放弃,他一边背着祖母演奏音乐,一边想要说服祖母支持他的音乐梦。然而,他还没有说服祖母,祖母就先发现了他还在继续接触音乐的事。祖母生气极了,砸坏了他的吉他。小男孩捧着破碎的吉他,质问祖母为什么要那么做,祖母却说:"我是为了你好。"

对于祖母的话,小男孩一点儿也不领情,他伤心地离开了家,去追寻自己的音乐梦。在追寻音乐梦的路上,小男孩经历了很多冒险,也结识了很多朋友。后来,他不小心进入了亡灵的世界,重逢了已故的亲人。这些亲人虽然很喜欢小男孩，但他们知道小男孩不能长时间待在亡灵世界。于是，他们想方设法将他送回人间。而小男孩重返人间的唯一方法就是得到一位在世长辈的祝福，也就是他唯一的亲人祖母的祝福。

祖母很愿意给小男孩祝福，但是她有一个条件，就是小男孩回到家后不准再触碰音乐。小男孩非常伤心，他很不理解祖母为什么要反对他的音乐梦，祖母给他的回答，依然是"我是为了你好"。

在这部电影里，我们能够感受到祖母对小男孩的爱，她说的"我是为了你好"也是真情实意的。但是，她说"我是为了你好"，其实是建立在对小男孩的控制欲之上。爱孩子，不是"对孩子好"就可以，毫无边界地替孩子做主，介入孩子的生活、追求与理想，只会剥夺孩子的独立人格，让其无法活出自己的人生。

在现实生活中，有太多的父母和电影中小男孩的祖母一样，在孩子面临选择的时候，不听孩子的想法，就擅自帮他们做决定。当面对孩子的质问时，也只是说"我是为了你好"。这样，很可能在孩子心中留下我不重要的，我分不清好坏的，我不好的……这样的认知，怎么能让孩子在未来自信地面对挫折和失败呢？

为什么那么多父母打着"我是为了你好"的旗号而帮孩子做选择、做决定呢？很大原因是父母在自以为是。他们认为自己是对的，自己帮孩子做决定，就可以让孩子少一点儿困难，少一点儿挫折。但是这样真的能帮到孩子吗？

同孩子相比，父母的经历、经验确实可能更多，所以他们也自然而然地认为，替孩子做出选择和决定能够帮助孩子少走弯路。不可否认，有时候，父母的选择确实帮助孩子走了捷径，但需要知道的是，孩子"一生"的路太长了，即使父母花费一生也看不到尽头，父母不可能陪孩子走一辈子，绝大部分路都需要孩子自己一个人走。当父母无法陪伴他们，必须独自前行的时候，当他们缺乏人生经验、自我与主见的时候，孩子该如何做出有利的选择呢？如何能从挫折中走出来、战胜挫折呢？

"我是为了你好"实际是糖衣炮弹，当剥去糖衣后，就变成具有强大杀伤力的武器。如果孩子在该独立的年纪，失去锻炼的机会和自主选择的权利，最后，面临并承受糖衣炮弹威力的也只有孩子自己。

在爱在我家"父母修为"训练营中，有一位妈妈曾经分享了一段经历。她想让孩子学习一门乐器，妈妈向女儿说明这个想法时，女儿很开心，并告诉妈妈她想学习吹口琴。对于女儿的想法，妈妈其实并没有放在心上。

首先，妈妈认为口琴相对来说是小众乐器，可以当兴趣，但不能当特长；其次，女儿想学习口琴，完全是因为刚看了一部与口琴相关的动画片，妈妈认为她的想法只是一时兴起。

妈妈也没有认真地询问女儿想学习什么乐器，而是直接帮女儿做了选择。从长远角度考虑，妈妈决定让女儿学习小提琴，一是因为小提琴便于携带，可以在很多场合表演；二是因为拉小提琴的姿势很优美，有助于提升孩子的气质。

妈妈将决定告诉女儿，女儿质问妈妈为什么不可以学习口琴，妈妈的回答是："我是为了你好。"女儿没有反抗妈妈的决定，但妈妈能感觉到，每次送她去小提琴特长班时，她的兴致都不高。从一定程度上来说，兴趣决定学习效果，对小提琴不感兴趣的她，学习效果自然也不尽如人意。

在"父母修为"训练营中，妈妈开始反思起自己的行为，基于"我是为了你好"帮助孩子做决定，初衷确实是为了孩子好，但是妈妈的决定并没有对孩子产生好的效果，反而让孩子陷入了平庸、闷闷不乐的旋涡，与妈妈的本意背道而驰。

图3 最可怕的是"我是为了你好"

之后，妈妈与女儿进行了一场交心的谈话，妈妈问女儿是不是非常不喜欢小提琴，女儿点头。最终，妈妈中断了女儿的小提琴课程，并尊重孩子的决定，学习她感兴趣的口琴。

孩子不是父母的附属品，从孩子来到这个世界的那天，就是一个独立的个体。孩子有自己的想法，有自己对未来的规划。倘若父母打着"我是为了你好"的旗号而忽略孩子的想法，擅自帮助孩子做选择、做决定的话，只会令孩子一点点失去自我认同，逐渐认为自己是低价值或没价值的。

如何培养孩子的独立性和自我认同感？陈老师有以下几点建议：

1.给孩子平等交流的权利。

虽然孩子年龄小，但也有自己的想法。作为父母，不能因为他们年龄小、阅历少，就忽略他们的想法。也许在倾听完他们的想法后，会发现他们的想法也很不错。所以，父母需要给孩子平等交流的权利，以培养他们独立思考和表达的能力。

2.给孩子选择的权利。

父母帮孩子做选择、做决定，无非

是怕孩子面临失败的结局。但失败也有所取，它能够让孩子吸取教训、总结经验，提升孩子的逆商，让他们学会适应逆境，实现自我认知，提升心理承受能力。父母没必要过分担忧孩子的选择，只需要在他们背后支持和鼓励。

为了孩子好，不是将孩子保护得密不透风，而是应该将他们放在逆境之中磨炼。当他们掌握了身处逆境的技巧，磨炼出足够强大的意志，才会无往不利。

### "有限责任家庭"

坚坚老师曾经看过一部令我感触颇深的公益电影，以父母对孩子的溺爱为主题。

在一个偏远落后的小山村，一对忠厚老实的老夫妻老来得子，他们对孩子非常疼爱。

带孩子出门的时候，老夫妻绝不让孩子自己走，都是抱着或背着；孩子想要吃什么，老夫妻会立即放下手头的事去做，如果做不出来，就跑几十里的山路去镇上买；孩子长大一点儿后，看母亲干活觉得很有意思，也想尝试一下，母亲却说"太脏、太累"，打消了他的念头。

就这样，孩子在老夫妻的溺爱中慢慢长大了，他也因此染上了众多陋习：他会将父母买来的精致食物吃一半丢一半；老师批评他懒惰时，他会委屈地告诉父母，让父母替他问罪于老师；一旦父母拒绝他的要求，他就赖在地上打滚、撒泼等。更为严重的是，他长到18岁，还不能照顾自己。

后来，老夫妻俩因为意外和疾病先后去世。孩子因为性格孤僻，无法融入群体生活；因为懒惰，干不了任何工作。最后，只能去乞讨，在一个寒冷的冬天被冻死了。

这部公益电影取材于现实，反映父母的溺爱将给孩子带来极大的危害，呼吁父母在对待孩子的时候要明智、理智。

对人来说，一生会经历两个家庭，一个是原生家庭，一个是新生家庭。原生家庭是指儿女没有结婚，仍然与父母生活在一起；新生家庭是指儿女结婚后，以夫妻为单位。原生家庭对孩子成长的影响非常大。就像电影中的故事，因为原生家庭对孩子溺爱，使得孩子丧失了自理能力和自控能力，不仅连力所能及的事都不会做、不愿做，还染上了众多恶习。可见，溺爱的苦果，最终吃下的人还是孩子自己。

著名的"家庭治疗大师"萨提亚曾经说过："一个人的优秀和他的原生家庭息息相关，原生家庭优秀，孩子才会优秀。"所以，想要培养一个优秀的孩子，原生家庭非常重要，而良好的原生家庭，首先应该是"有限责任家庭"。

"有限责任"常被用于公司名称的后缀，以划清公司的责任界限。当"有限责任"用于家庭，意味着父母要守住自己对孩子爱的界限。

狮崽出生后，狮妈妈会为狮崽狩来猎物，与此同时，也会教授狮崽捕猎的技能，并为其创造单独捕猎的机会。同样，在孩子成长的过程中，父母可以呵护孩子成长，却不能忘记教授孩子独立的技能，不能忘记为孩子保留孩子的挫折。只有父母对孩子实施"有限责任"制教育，孩子才能建立责任感，学会不依赖、不逃避，敢于承担自己的责任。

坚坚老师的儿子名叫特特，5岁的时候，他很喜欢看动画片，并对动画片中的主角喜爱不已，经常在家中模仿他。在特特生日的时候，爸爸妈妈送给他一个模型玩具，特特非常开心。因为他特别喜欢这个玩具，去哪儿都带着。

有一回，坚坚老师与朋友聚会，带上了特特，特特也带上了他的"乐迪"玩具。出发前，坚坚老师提醒特特不要带玩具，可能会弄丢。但特特信誓旦旦地说他不会。坚坚老师也没有再坚持，只是告诉特特。如果弄丢了，爸爸不会再给他重新买一个，特特同意了。

特特在外面玩了一整天，回家的时候已经累得快睡着了。爸爸带着特特刚上出租车，他就靠着座位睡着了，快到家时才被叫醒。可能是因为还没有清醒，下车的时候，特特将他的玩具落在了车上，回到家后才发现。

毫无意外，特特因为弄丢了最喜欢的玩具而大哭不止，并希望爸爸给他重新买一个。但爸爸拒绝，并将他们出门时的对话重复了一遍。最后，坚坚老师告诉特特，既然是自己做出的决定，就需要勇敢地承担结果，哭是解决不了问题的，哭也无法让爸爸妥协。最终，特特接受了现实。

图4 做"有限责任"父母

作为爸爸当然很爱自己的孩子，但是应该坚守爱的底线，警惕对孩子的爱发展成溺爱。事实证明，"有限责任"的爱，会令孩子变得明事理、有担当，父母的"有限责任"会让孩子学会对自己的行为负责。

该如何塑造一个"有限责任"家庭呢？坚坚老师有以下几点建议：

1. 给孩子独立的机会。

雏鹰长成后，终要飞去属于自己的天空。孩子长大后，也终会有属于自己的生活。而他们的生活是好是坏，将取决于他们独立能力的高低。作为父母，要有意识地培养孩子的独立能力，养成这一能力的关键前提就是给孩子独立的机会。

2. 引导孩子勇于承担自己的责任。

在孩子成长的道路上，需要面对无数次选择，如果学不会承担责任，那么未来将会寸步难行。毕竟，现在是需要勇于承担责任的社会。

即使是孩子小时候，父母也不能随意替孩子承担他们应该承担的责任，因为父母不可能一辈子为孩子的行为买单。我们要引导孩子从小学会勇敢承担自己的责任，成为有责任感的人，在面对挫折和失败时才能更加自如。

3. 帮助孩子建立行为与结果的关联。

培养孩子对自己的行为负责任的意识，这样孩子才会对自己的行为有思考，因为需要自己承担结果。这样，孩子就不会恣意妄为。这也是孩子成长过程中的关键一环。一部分孩子做事不顾后果，原因很可能是父母没有让孩子的行为与结果建立关系。

## "不行"的伤害

有些孩子在外人面前，表现得落落大方，能将自己的想法说得有条不紊；有些孩子在外人面前，则表现得畏畏缩缩，在说自己想法的时候，也前言不搭后语。为什么孩子会有如此悬殊的表现？这跟父母与孩子的相处方式息息相关。

如果父母的性格很强势，在与孩子相处时，总是将"不行""不准""不好""不能"等否定的词挂在嘴边，就会打击孩子的自信心，令孩子渐渐失去自主想法，孩子会觉得自己"人微言轻"，甚至会习惯性无助。

所谓"人微言轻"，就是说话没分量，不被重视。使孩子"人微言轻"的罪魁祸首，其实不是别人，正是父母。如果孩子经常畏畏缩缩、胆小懦弱，不妨回顾一下自己与孩子的相处模式，与孩子的交谈中是否经常说否定性词。如果父母时常否定孩子的想法和做法，孩子会觉得人微言轻也在情理之中。在爱在我家"赋能对话"训练营中，常常有家长模拟家中的对话，很多父母发现自己的话是"有毒的"，而非为孩子赋能，不能提升孩子的内在价值与自尊。

父母的否定不仅会造就孩子的"人微言轻"，还会带来其他的伤害。譬如，会令孩子变得自卑。当孩子兴致勃勃地对父母表达自己的想法时，如果父母想也不想就否定，孩子肯定会敏感地认为自己的想法很差劲。孩子一直堆积这种自我否定，就会渐渐变得敏感而自卑，自我判断力和自我感知力也会下降。

父母的否定会令孩子丧失积极性。父母的每一次否定，都会令孩子沮丧，认为自己不行，当孩子将"差劲""不行"这样的标签贴在自己身上后，就会逐渐失去积极性。这对孩子未来的发展，是极其不利的，孩子会变得不敢冒险，不敢尝试新事物。

父母无意间的否定也会令孩子变得叛逆。父母的否定就像一个封闭空间，将孩子牢牢地圈在其中。长期处在这样的环境，孩子会感到很压抑，一旦这种压抑突破了孩子的承受值，孩子就会变得暴躁、愤怒，并会用叛逆的言行进行发泄。

父母说"不许""不行"的时候出发点是为了孩子好，但这种"好"并没有达到效果，反而在很多时候，孩子感受到的不是快乐，而是痛苦。

孩子是独立的个体，他们有自己的想法。他们有自己的兴趣、爱好，有自己想看的书，有想交的朋友，有喜欢的运动，对世界有独特的感知、感受。当他们将这些想法与父母分享时，期待的是父母的支持，而不是毫不留情的否定。

在爱在我家"赋能对话"训练营中，一位妈妈分享了她和她女儿丫丫的经历。

在丫丫很小的时候，妈妈认为她的年纪小，想法不全面，所以经常否定她的话。有一天，丫丫实在受不了，冲妈妈大发脾气，妈妈才意识到她的否定给女儿带来的伤害有多严重。

丫丫很小的时候就很有想法。不过，她的想法常常伴随着冒险精神。比如攀爬危险的大树或石磴，一个人买东西、过马路等。每当丫丫和妈妈说她的想法时，妈妈都以太危险为理由拒绝。当听多了妈妈的"不行""不许"之后，渐渐地，丫丫不再向妈妈诉说她的想法了，性格也变得文静。但是,她也变得不爱表达、表现自己了。一开始妈妈并没有意识到不妥。

直到丫丫对妈妈大发脾气。

在丫丫6岁那年的一天,她抱着她的小猪储蓄罐来到妈妈面前,小心翼翼地问妈妈可不可以用她的零花钱买一款芭比娃娃。在这之前,丫丫每年过生日,爸爸妈妈都会送芭比娃娃给她作礼物,再加上她的爷爷奶奶也会送芭比娃娃给她,因此,丫丫已经有一大堆芭比娃娃了,所以妈妈直接说"不行"。

也许是妈妈拒绝得太快,没有一点儿商量的余地,丫丫不禁生气了。她红着眼睛大声质问,小猪储蓄罐里的钱是她一点点存下的,为什么她不能自己决定怎么用?

图5 警惕"不行"的伤害

丫丫愤怒的质问如同给了妈妈当头一棒。当初为了鼓励丫丫存钱,妈妈曾明确表示,丫丫之后可以随意支配存下的钱。所以,妈妈的那句"不行"不只推翻了自己的话,也伤了丫丫的心。妈妈由此开始反思这些年对丫丫的话语。妈妈意识到，自己否定孩子太多次了，丫丫的乖巧文静不是因为长大了，而是因为妈妈的否决扼杀了她的冒险精神。

好在，妈妈醒悟了。在这之后，妈妈会主动地询问丫丫的想法，重新建立她对事物的看法。渐渐地，丫丫不再吝啬在外人面前表达自己的想法了。

如果家长不想让孩子"人微言轻"，甚至"习得性无助"，而是学会肯定和喜欢自己，坚坚老师有以下几点建议：

1.学会尊重孩子。

每个人都有自尊心，都渴望被他人尊重，虽然孩子年龄小，但也有自尊心。譬如，被冤枉的时候，会委屈地哭；被批评的时候，会满脸通红；被拒绝的时候，会很沮丧；等等。这些都是孩子有自尊心的表现。在与孩子相处时，父母一定要学会尊重孩子，给孩子说话的机会和权利，给孩子多一些支持和理解。只有懂得尊重孩子，尊重孩子的自尊心，尊重孩子说话和做事的权利，他才不会变得"人微言轻"。

2.聆听孩子想法时，多一点儿耐心。

在与孩子相处时，仅仅给孩子说话的权利是不够的，如果父母表现得很敷衍，或聆听时表现得不专注、不耐烦，也会令孩子感到伤心。所以，在聆听孩子想法时，父母一定要多给孩子一点儿耐心，在孩子诉说的时候，要适时地回应。这才能让孩子感受到父母的重视，进而提升自我成就感。

3.为孩子创造表达自我想法的机会。

时光是向前走的，我们无法回溯过去，如果孩子已经因为父母的否决而表现得畏畏缩缩，那么就要及时想办法补救。方法是，第一，父母要约束自己的言语，不要想也不想就对孩子说否定的话；第二，要给孩子表达想法的机会。只有双管齐下，孩子才能摆脱"人微言轻"的标签。

孩子的存在感很大程度上取决于父母对他想法的看重，但并不是溺爱孩子，而是尊重孩子，让孩子说，听孩子说，引导孩子积极主动地表达自己，同时给予鼓励、支持，提升孩子的自信度与高成就动机，帮助他成为独立自信的人。

## 别用父母的理想，绑架孩子的人生

每个人都有理想，正因为有了理想，才会努力拼搏。但是，理想并不是都能实现，那些没有实现的理想，则会成为遗憾，在回忆时，都会带着或浓或淡的不甘。

遗憾如同一个怪圈，如果走不出这个怪圈，就会想方设法地填满遗憾。很多父母由于某些原因无法实现理想，于是便让孩子继承自己的理想。对父母来说，是自己的理想用另一种方式圆满了；但是对孩子来说，是别人的理想绑架了自己一生。

可能很多父母觉得，帮助孩子设定理想是为了孩子好，毕竟孩子的人生阅历较少，不知道什么是对自己最好的。但父母帮助孩子设定的理想，真的不是曾经那些没有实现的理想的投射吗？

在爱在我家"相约去远方"训练营中，一位妈妈分享了她的经历。

她曾将她的理想转嫁给女儿颖颖。当发现颖颖十分抗拒后，妈妈才意识到自己的决定并不被女儿接受。原来，妈妈的理想并不是颖颖的理想。

妈妈小时候就特别喜欢舞蹈，尤其喜欢芭蕾舞。在妈妈的认知中，会跳芭蕾舞的女孩就像一只只美丽的白天鹅。小时候的妈妈一直梦想成为一名芭蕾舞舞蹈演员。但是，因为家庭的经济条件，妈妈的梦想并没有实现。成年后，妈妈经常回想这个梦想，每次都感到遗憾。

后来，随着女儿颖颖的出生、长大，妈妈曾经的梦想再次燃起。妈妈希望颖颖能站在大舞台上，跳着美丽的芭蕾舞。在颖颖5岁的时候，妈妈开始让颖颖学跳芭蕾舞。

5岁的颖颖很有冒险精神，她喜欢滑冰。爸爸给她买了一双溜冰鞋，每到周末，爸爸都会带她去滑冰。颖颖很有天赋，练习几次就滑得很棒。颖颖也曾跟妈妈说，她以后要成为滑冰运动员。

对于颖颖的想法，妈妈并没有放在心上。妈妈认为，女儿会有这样的想法，完全是因为经常看体育频道的滑冰比赛。妈妈继续按照自己的计划，让女儿学芭蕾舞。虽然最开始颖颖就表现得很不情愿，但还是听话地上课。但是一段时间以后，她的不满情绪越积越多，最终迎来了彻底爆发的那天。

和很多孩子一样，颖颖表现抗拒的方式是哭闹。这天，妈妈送她去舞蹈班时，她赖在家中不走，哭着说"我不想去""我不喜欢跳舞"。不管妈妈如何劝说，颖颖都不为所动。在妈妈说自己生气了的时候，她哭着对妈妈说："妈妈，我喜欢滑冰，我想要学滑冰，我想成为一名滑冰运动员！"

那一天，颖颖终究没有去舞蹈班。晚上，妈妈回想着孩子渴望的眼神与坚决的态度，开始反思，是不是自己错了？妈妈想，自己小时候的梦想没有实现，内心无比遗憾。颖颖长大后，当她想起小时候没有实现的梦想时，也一定会感到遗憾。将自己未实现的理想转嫁到女儿身上，之后女儿会不会也让自己的孩子继承自己的理想，陷入恶性循环，孩子都不能自由地做自己？

图 6 不要绑架孩子的人生

妈妈逐渐意识到，每个人都是独立的，都有设定自我梦想的权利，即使是小孩子。合格的父母应该引导孩子树立自己的梦想，协助孩子实现自己的梦想，而不是扼杀孩子的梦想。孩子有属于自己的生活，父母妄想让孩子继承自己的理想，无异于是绑架孩子的人生。

著名诗人纪伯伦有一首《你的孩子其实不是你的孩子》：

你的孩子，其实不是你的孩子，
他们是生命对于自身渴望而诞生的孩子。
他们通过你来到这世界，
却非因你而来，
他们在你身边，却并不属于你。
你可以给予他们的是你的爱，
却不是你的想法，
因为他们自己有自己的思想。

你可以庇护的是他们的身体，
却不是他们的灵魂，
因为他们的灵魂属于明天，
属于你做梦也无法达到的明天。
……

纪伯伦的这首诗，就是为了提醒父母，在与孩子相处时，别忘记尊重孩子的独立人格。

作为父母，需要明白，孩子是与父母平等的个体。虽然他们年纪小，但也有自己的理想，也渴望向自己的梦想迈进。父母如果将自己的理想转嫁到孩子身上，对孩子来说，无疑是一种强迫。即使孩子继承了父母的理想，并实现了这个理想，他们也无法感受到成功的喜悦。因为，在这个过程中，孩子失去了自我，只是用自己的一生实现父母的理想。这样被绑架的人生，孩子如何快乐？如何实现自己的价值？

很多家长喜欢黄磊老师和女儿多多的相处模式，他对孩子的教育方式也很值得称赞。在孩子面前，他不把自己当作爸爸，而是以朋友的身份与孩子相处。他会聆听孩子的想法，会真诚地帮助孩子分析问题，会尊重孩子做出的每一个决定。正如他在接受采访时所说的："我从来就没有把我的女儿当作孩子，她是一个有思想的人，她有自己的秘密、自己的想法、自己的人生。我们之间是彼此独立的个体，我不能将我的意志强加在她身上。"

在与孩子相处的过程中，家长不能将自己的理想强加在孩子身上。

在关于孩子的理想方面，坚坚老师有以下几点建议：

1.引导孩子设定自己的理想。

理想是一个人前进的动力，每个人都需要有自己的理想。有时候，孩子并不能准确地找到自己的理想,需要父母引导。但是请注意,引导孩子设定理想,并非是将自己的理想强加给孩子,而是引导孩子发现他的兴趣爱好,孩子在做什么的时候更有动力、更乐此不疲,以此来帮助孩子找到理想。有了理想,就有了方向,有了兴趣,孩子才会主动地努力,即便遇到困难也会坚持,更有勇气与力量。

2.支持孩子实现自己的理想。

当孩子有了自己的理想后,父母不要急着分析实现理想的概率,而是要全力地支持孩子朝理想奋进。登月第一人阿姆斯特朗,在他小的时候告诉别人他的理想是登月时,所有人都觉得他异想天开,只有他的母亲全力支持他的太空梦。因为母亲的支持和他自己的奋斗,他实现了登陆月球的理想,成为登月第一人。可见,没有不能实现的理想,只有不够努力的人生。

3.在孩子实现理想的过程中,多给予孩子鼓励。

有的孩子理想很伟大,有的孩子理想很平常,前者的实现要比后者难得多。在这个过程中,很多意志不坚定的孩子会产生放弃的念头。在这个时候,父母需要给予孩子鼓励,鼓励他们去尝试、坚持。即使最后他们的理想没有实现,也好过半途而废。

每个人都有属于自己的一生,孩子的一生也该由他们自己掌控。所以,作为父母,不要试图将自己的理想强加在孩子身上,而是应该让他们自己做主,自己选择未来的人生,这对孩子来说才公平。

# 第二章
## 无界限助力将杀死独立

现在很多孩子不成熟、不独立，没有生活技能，被人称为"巨婴"。而"巨婴"产生的直接原因之一，其实是父母对孩子的过度溺爱与干预。

在父母眼里，孩子永远长不大，自己做不好事，没有照顾和管理自己的能力，无法自主解决难题。于是，在孩子的成长过程中，父母不愿意放手，不注重教会孩子生活技能，甚至剥夺孩子实践、尝试的机会。

要知道，给孩子无界限的助力的同时，也杀死了他们的独立人格，这会让孩子沦陷一生。

## 独立，是孩子必备的生存能力

有这样一个故事：

为了避免灾祸，翠鸟往往把窝筑在树的高处。

翠鸟妈妈在孵出小鸟后，怕小鸟从高处掉下来摔死，于是把鸟窝移到低处。当小翠鸟长出羽毛已经能学习飞翔本领的时候，翠鸟妈妈不仅没有教小翠鸟飞翔的本领，反而更加小心，越发怕小鸟摔死，又一次将鸟窝向下移动，直到鸟窝移动到离地面最近的树杈上，鸟妈妈才放心一点儿。

然而，路过树下的行人发现了小翠鸟，轻而易举地把小翠鸟带走了。

翠鸟妈妈转移鸟窝，原本是因为爱护小鸟，想让它健康成长，却因此给小翠鸟带来了始料不及的灾难。

究其根本，就是因为翠鸟妈妈没有教给小翠鸟生活的本领，没有给小翠鸟独立的机会，反而只是一味地保护和宠爱。

父母爱护孩子，希望能为他们提供安逸的生活。但是，孩子不可能一直在父母的羽翼下成长。他们若不能独立自主，学会生存、生活、学习以及劳动的技能，学会自己的事情自己做，分辨是非与危险，那么在未来就可能被社会淘汰。因此，帮助孩子学会独立，教会孩子如何生活和生存，是父母义不容辞的责任。

很多溺爱孩子的父母就像故事中的翠鸟妈妈一样，那些对孩子无底线包容与爱护的行为，终会成为孩子跌落深渊的推手。脱离父母的羽翼就无法独立生活的孩子，比小翠鸟更可怜，小翠鸟被抓走尚且有人喂食，而孩子长大后在社会上是没有人"喂养"的。

相对于翠鸟爱子，母燕对雏燕的教育方式更值得父母学习。

当雏燕羽翼渐丰时，母燕就鼓励雏燕飞出鸟窝，并教它们如何飞翔，绝不让它们贪恋鸟窝的温暖。在母燕的帮助下，雏燕的胆子大了，翅膀结实了，渐渐学会低飞、高飞、掠水，最终愉快地飞翔在一碧无垠的天空，任凭风吹雨淋。它已经具备了独立走南闯北的本领。

母燕没有让孩子永远处在自己的羽翼之下，而是培养它们展翅高飞的意志和力量，这是因为母燕明白，想在大自然生存是非常困难的。母燕着眼于在孩子小时候培养它们对环境的适应能力和与困难抗争的本领，着眼于将来，而非顺应、迁就，这是母燕比翠鸟妈妈聪明的地方。

父母爱孩子，也应考虑到社会、时代和未来对人类提出的要求，教会孩子独立生存和生活。想让孩子独立而稳健，需要在生活的艰难险阻中帮助他们不断进步和完善。

在爱在我家的课程上，一位妈妈分享了她的经历。

儿子俊伟想要爸爸一起陪他去书店买奥数书，爸爸工作忙，让他找妈妈陪着去，因为妈妈已经进行了一段时间的爱在我家"教养技巧"训练营的学习，想锻炼孩子的独立性，便让俊伟自己去买。妈妈告诉俊伟，书店离家没多远，骑自行车去就可以。爸爸本来有些不放心，但想起妈妈曾经说过的母燕妈妈的故事，便也赞同了妈妈的意见，鼓励俊伟自己去完成这件事。

在爸爸妈妈的鼓励下，俊伟穿好衣服关上门走了。爸爸妈妈坐在家里，一直有一些担心，俊伟会不会遇到什么困难，自行车会不会被偷……半个小时后，俊伟安全地回来了，并且告诉爸爸妈妈，说有本书这个书店没有，他去隔壁的书店买到了。

俊伟回来的时候,爸爸妈妈交换了会心的眼神——儿子长大了,是时候放手了。同时,俊伟也得到了被信任的力量与自己独自完成一件事情的自豪感。

在生活中对孩子要适当放手,给孩子独立处理事情的空间,这能够使孩子早日成为生活的主人。父母不可能照顾孩子的一生,教会孩子独立生活、管理自己生活的技能,让他们自己做生活的主人,是父母的必修课之一。

如何锻炼孩子的独立性呢?坚坚老师有以下几点建议:

1.给孩子充分的独立自由。

孩子的独立性、自主性是在独立活动中产生、发展的,要培养独立自主的孩子,就应该为他提供独立思考和独立解决问题的机会。生活中,多让孩子自己动手,引导孩子动脑解决各种问题。同时,给孩子独立的活动空间,尊重孩子的隐私,引导孩子在独立空间内自由活动。

"纸上得来终觉浅,绝知此事要躬行。"对于孩子独立这件事来说,

图7 给孩子独立的机会

更是如此。

2.循序渐进地培养。

独立性和自主性的培养是一个长期的过程，需要循序渐进地进行。切不可急于求成，不能对孩子的发展提出过高的、不合理的要求，也不能因为孩子没有达到要求就横加斥责。在孩子独立的过程中，可能会做出一些让父母担心的事情，父母不能因此便认为孩子做不好。事实上，可能是孩子的进步比较小，父母没有察觉到。

父母需要做的是：孩子做得好的时候，给孩子表扬；孩子做不好的时候，耐心进行引导、赋能。即使孩子出现一点儿状况，家长也需要逐步放手。

3.父母要把握关键期。

2岁左右的孩子，独立意识逐渐增强，什么事都会坚持自己做，拒绝帮助。这是孩子心理发展的第一个"执拗期"。家长可以因势利导，把握这个时期孩子的心理特点，在保证孩子安全的前提下，放手让孩子做力所能及的事情，并适时地提供适当的帮助、指导和肯定，让孩子享受被认可的快乐。这样，孩子就能逐步地建立对自己的信心。

4.父母要做一个好榜样。

榜样的力量是无穷的。如果父母在生活中缺乏独立性，经常拿不定主意，总是寻求他人的帮助，孩子也会效仿。所以，想要让孩子学会独立，父母要从自身做起。

培根说："子女中得不到遗产继承权的幼子，常常会通过自身奋斗获得好的发展。而坐享其成者，却很少能成大业。"由此可见，父母应该给孩子独立成长的机会，帮助孩子学会各种生活技能，并给予实践的机会；给孩子独立的空间，让他自由独立地活动；给孩子自主选择的权利，他的事情听他的；教会孩子自我管理，而不是父母管理。

## 独立，才有资格选择生活方式

贝尔·格里尔斯是英国的一位探险家，因为在探险节目中的惊人表现而被人熟知。他的足迹几乎踏遍了全球最险恶、荒芜的绝境。但是，不管是在沙漠，还是在危险重重的热带雨林，即使没有任何防护措施，他也能很好地生存。

这位探险家曾经说，他喜欢冒险，而他选择这样的生活，是因为他具备很多户外生存的能力，掌握很多户外生存的技巧。

一个人的生活可以有千万种方式，不管选择何种生活轨迹，都必须要有强有力的依仗。就像贝尔·格里尔斯，他的户外生存技能使得他在探险生活中非常自如。

生活由自己选择，用哪一种方式生活的选择权也在自己手上，但生活的质量则取决于我们的独立能力。只有拥有了独立能力，才有资格选择生活轨迹。

想要孩子有资格选择自己的生活轨迹，除了经济能力，更重要的是，父母必须培养其独立生活的能力。这样，孩子才会无所畏惧，才能在自己选择的生活中得心应手。

训练营中的一位家长曾分享她的经历。

她的儿子浩天在一个国际小学上学，浩天很喜欢英语，在三年级时，学校组织了一个英语夏令营，需要去英国游学两周。浩天兴致勃勃地告诉妈妈这个消息,并希望妈妈让他参加,妈妈只说了两个字"不行"。

浩天委屈地问为什么。妈妈解释说是因为他长这么大从来没有离开父母独立生活。而缺乏独立生活经验的他,一定会给老师、同学带来很多麻烦,浩天也体验不到夏令营生活的乐趣。但对于妈妈的说法,浩天十分不服气,他觉得自己可以独立生活。

妈妈听后,问了浩天几个独立生活的基本问题:在国外的时候,如果与老师、同学走散了该怎么办?掌握基本的生活英语交流能力吗?掌握洗衣服、打扫卫生这类基本生活技能吗?面对妈妈的几个提问,浩天支支吾吾,显然做不到。不过,他并没有因为这些困难而退缩,他和妈妈商量,在接下来的一段时间里,如果他能够做到独立生活,就同意他去。妈妈同意了。

在接下来的一段时间里,浩天一边研究国外游学的攻略,学习强化自己的英语口语能力,一边锻炼自己独立生活的能力。他开始自己整理自己的物品,尝试自己洗衣服,在爸爸妈妈不在家的时候自己想办法解决温饱,等等。

妈妈看到浩天独立生活的能力越来越强,对浩天独自生活也就越发放心了。所以,在那一年暑假,妈妈帮他报了国际夏令营。也因为可以独立生活,浩天充分感受到了夏令营的乐趣。就像一只已经掌握了奔跑秘诀的小马驹,在属于它的大草原上自由奔跑。

我们生活的世界,是一个有秩序、有规则的世界,只有遵守秩序和规则,才能更好地生活。同样地,想要选择自己想要的生活轨迹,并过好自己的生活,就需要提高自己的独立自主能力。

在培养孩子的独立性上,坚坚老师有以下几点建议:

1.给孩子独立生活的机会。

对孩子而言,他们目前无法实现经济独立,但是可以实现生活上的独立。即自己的事情自己做，实现自主和自立。房间可以让孩子自己打扫，衣服可以让孩子自己洗，等等。也要让孩子做一些力所能及的事，比如照顾家中的植物、宠物。孩子能自己做得越多，其独立生活的能力就越强。

2.传授孩子独立生存的技能。

只掌握独立生活的能力是不够的，还需要掌握独立生存的能力。掌握了这两种能力，才有能力选择自己喜欢的生活方式，并好好生活。在培养孩子独立生存的能力上，要有意识地培养孩子适应环境、独立处理危急情况的能力，以及在危险环境中的应变能力和自我保护能力。比如，在外迷路时，该怎么找到回家的路；在外遇到坏人时，该如何脱离危险；当家里着火时，该如何保护自己的安全；等等。当孩子掌握了独立生存的技能，才能适应可能发生的恶劣环境。

3.让孩子为自己的行为负责。

在孩子成长的过程中，有一点非常重要，就是让孩子为自己的行为负责任。这可以帮助孩子在问题中成长，在面对问题与结果时，为孩子提供独立思考的机会，并形成基本边界。如果孩子不能为自己的行为负责任，很可能会造成行为上的失控；缺乏自我管理和自我控制；无法解决问题时，容易逃避责任，甚至自我放纵。

4.没有掌握学习的技能前，不能要求孩子自己面对生活。

在培养孩子独立的过程中，父母要注意，当孩子还没有掌握相关技能或者能力时，不能一味地让孩子独立，尤其是年纪小的孩子。这样容易让孩子产生无助感，也会让孩子无法真正独立。

5.不要把孩子完美化。

孩子在独立成长的过程中，父母要有包容的态度，因为孩子不是完美的，不能永远说到做到，不能一学就会，不能立即养成习惯。一部分家长在教育孩子时会秉持着完美主义，而这种做法对于培养孩子的独立性是不利的。父母应该允许孩子"犯错",并在错误中引导孩子积极地改错,独立地处理后果,并赋能。

作为父母,要懂得给予孩子选择的权利。但在给予孩子选择权时,也要传授他们独立生活和独立生存的技能。只有独立,孩子才能在自己选择的生活轨迹上潇洒肆意地前行。

## 父母"万事俱备",孩子"万事俱废"

有这样一个童话故事:

小青蛙在青蛙妈妈的细心看护下,渐渐长出了四肢。小青蛙看着青蛙妈妈"扑通"一声跳进水里,也想要学跳水,就对青蛙妈妈说:"妈妈,妈妈,请您教我跳水的本领吧!"

小青蛙的请求被青蛙妈妈拒绝了,小青蛙问为什么,青蛙妈妈回答说:"孩子,我们住的地方太高了,这样跳进水里,你会受伤的。等我们把家搬到矮一点儿的地方,妈妈再教你跳水。"

小青蛙妥协了,它等了很久,青蛙妈妈才带着它搬到新家。新家距离水面非常近。于是它对青蛙妈妈说:"妈妈,妈妈,请您教我跳水的本领吧!"

青蛙妈妈还是拒绝了,它对小青蛙说:"孩子,再等一等,我们刚刚搬来这里,对这里的环境还不熟悉,万一你跳水时碰到意外,受伤了怎么办!"

虽然小青蛙很失望,但还是听从了妈妈的话。它又等了很久,直到它和妈妈都熟悉了周围的环境，它又对妈妈说："妈妈，妈妈，请您教我跳水的本领吧！"

青蛙妈妈依旧摇了摇头说："孩子，不行啊，你看这里的石头太多了，万一你跳水的时候撞到了石头上该怎么办啊！"

就这样，每一次小青蛙向青蛙妈妈提起学习跳水，都被青蛙妈妈以"会受伤"为理由拒绝。直到小青蛙长成了大青蛙，还是没有学会跳水。

1

妈妈，教我跳水吧。

我们住的地方太高了，等我们搬到低的地方再教你。

刚长大的小青蛙与妈妈

2

妈妈，教我跳水吧。

等我们熟悉了周围的环境再教你。

搬到低的地方后

3

妈妈，教我跳水吧。

这里石头太多了，还是再等一等吧。

熟悉环境后

4

小青蛙长大了，妈妈老去了，但是小青蛙依旧不会跳水

图 8　拒绝父母"万事俱备"

这个时候，青蛙妈妈已经老了，没有力气再教小青蛙跳水了。青蛙妈妈去世后，小青蛙因为不会跳水寻找食物，也饿死在家里了。

这篇童话故事很简单，它想反映的是，因为青蛙妈妈对孩子的"珍爱"，最后让小青蛙即使长大了也还是没有妈妈就活不下去的"小孩"。

在现实生活当中，如青蛙妈妈一样的父母不在少数。为了不让孩子受伤，就剥夺孩子尝试新事物的权利，事事都帮孩子做好。等孩子年龄大了，缺乏基本生存技能的他们，便会成为别人口中的"巨婴"。

很多时候，并不是孩子自己想成为"巨婴"，而是因为父母为孩子"万事俱备"，造就了孩子的"万事俱废"。譬如，孩子想要尝试自己想法的时候，父母会一次次拒绝；孩子想主动做自己力所能及的事时，父母已经为他代劳；孩子想要为自己的行为负责，父母已经提前承担……

父母需要明白，自我意识与渴望独立是人的一种天性，独立人格并不是一朝一夕可以形成的，也不是靠父母说教形成的。独立能力的养成，需要孩子实践，并需要通过不断的锻炼与实践增强。倘若不给孩子实践的机会，仅依靠说教让孩子掌握独立的能力，属于异想天开。

孩子总要自己生活，如果孩子缺乏生活技能和生存技能，那么他在自己闯荡的时候就会困难重重，甚至会迷失方向。只有掌握生活技能和生存技能，孩子才能在未来无所畏惧，勇往直前。在与孩子相处时，父母要教会孩子打理自己的日常生活，培养孩子独立生存的技能，而不是事事都帮孩子处理，不给孩子实践独立的机会。

爱在我家训练营的一位家长曾分享她和女儿的经历。

希雅在3岁多一点儿的时候开始上幼儿园。进幼儿园的第一天，她感到很新鲜，和其他小朋友玩得不亦乐乎。对于妈妈的离开，也没有多大反应。但随着妈妈不在的时间越来越久，其他小朋友也开始哭闹，希雅的负面情绪爆发了，也开始大哭。

一天的幼儿园生活结束后，妈妈将希雅接回家。毫无意外地，她跟妈妈说，她明天不想去幼儿园了。妈妈也知道，孩子在入学时有哭闹情绪是非常正常的，过几天就应该适应了，于是妈妈只是耐心劝导了一番。

之后的一周时间里，都是妈妈去幼儿园接送希雅。每一次妈妈都会看到希雅班级里的其他小朋友在大哭；一周以后，这种情况明显好转；两个星期后，几乎看不到哭闹的小朋友了。但让妈妈意外的是，希雅依然每天哭闹着说不想上幼儿园，这样的情况持续了两个多月还是没有好转。

孩子长时间地抵触上学，可能是因为不适应幼儿园的生活。妈妈从老师那儿了解到，希雅非常遵守纪律，但在生活上无法自理。譬如，其他小朋友都能够独立吃饭，并能在半个小时内将饭吃完，而希雅不能独立吃饭，需要老师的帮助，而且每次都吃得很慢；在学校午休的时候，其他小朋友能独立地脱衣、穿衣，但希雅不能；等等。与同龄人的这种差距，让希雅非常抵触幼儿园。

是什么造成希雅无法自理呢？因为希雅的爸爸妈妈、家中其他长辈对希雅的无尽溺爱，使得希雅从没有自己独立吃饭，独立脱衣、穿衣。

在希雅没有上幼儿园之前，妈妈并没有发现这有什么不妥，毕竟日常她都表现得乖巧、懂礼貌。上幼儿园之后，妈妈才意识到，过去对女儿日常生活的包办，已经对她产生了很大影响。在找到原因之后，妈妈开始有意识地培养希雅的生活自理能力和独立生活的能力。当掌握了基本的生活自理和独立生活能力后，她就不再抵触上学了。

怎样培养孩子的自理和独立生活能力呢？坚坚老师有以下几点建议：

1.培养孩子"自己的事情自己做"的习惯。

坏习惯是可怕的，一旦某个坏习惯养成了，就很难纠正。如果家长不重视培养孩子"自己的事情自己做"的习惯，孩子就会觉得父母帮自己做事是应该的，家长也会越来越理所当然地大包大揽。一旦坏习惯养成了，父母和孩子都很难纠正。所以，父母要尽早为孩子和自己树立"自己的事情自己做"这种意识。

具体做法是，应该孩子自己做的事情，或者孩子想尝试做的事情，父母要在评估风险之后放手让他自己做，培养孩子的独立性。

2.引导孩子感受独立的乐趣。

在做一件事的时候，如果感受到了其中的乐趣，我们便不会停止。所以，如果父母想让孩子学会独立，就需要令孩子感受到自己做事的乐趣。譬如整理床铺，有的孩子认为这很枯燥，倘若能令孩子感受到叠被子的乐趣，孩子就会积极主动地去做。父母可以在孩子整理床铺的时候，和他们进行一些趣味比赛，或者在孩子做完之后，给予他们表扬。当孩子在其中得到乐趣，就会愿意做，就能养成习惯。

3.在孩子学习独立的过程中给予孩子鼓励。

独立是一种技能，想要掌握这种技能，需要经过多次尝试。在孩子学习独立生活和独立生存的技能时，必然会遇到各种困难甚至失败。这个时候，父母需要给孩子鼓励，引导孩子坚持下去。

父母爱孩子，但父母也要懂得，什么才是真正的爱。爱不是无微不至、大包大揽。真的爱是让孩子拥有独立的人格，真正的爱是能够放手和赋能，能让孩子从愿意独立到学会独立，最后有信心独立生活。

## 独立从家务劳动开始

家务，就是家庭日常生活事务，譬如：洗衣、做饭、打扫卫生、整理房间、莳弄花草等。想要孩子学会独立，第一步就是要让他做自己力所能及的家务。

在家务中，有些对孩子来说有难度，但绝大多数都是孩子力所能及的。即使是这些力所能及的事，很多孩子要么就是不会，要么就是做不好，这也是导致孩子不能独立的原因之一。

为什么很多孩子走不好这独立的第一步呢？一部分原因在于父母大包大揽。在孩子小的时候，父母认为孩子还小，很多事情做不好，就不让孩子做。在孩子渐渐长大后，父母又认为孩子应该以学业为重，不应该花精力在做家务上，继续不让孩子做。久而久之，孩子就逐渐丧失了基本的生活技能，也就无法独立了。

父母应该明白，父母不可能时时刻刻待在孩子身边，他们会由于学业、工作等其他原因离开父母独自生活。那么，缺乏基本生活技能的他们，该如何照顾自己呢？

家务劳动作为独立的第一步，除了能给予孩子基本的生存技能外，还会给孩子带来其他的益处。

其一，有利于提升孩子的毅力。当孩子在进行家务劳动的时候，也会遇到困难，而每一次成功解决遇到的困难，都意味着毅力的提升。毅力是孩子成长中不可缺少的特质，有了毅力，孩子才不会向挫折、磨难轻易妥协；有了毅力，不管未来的路多么坎坷，孩子也能坚持走下去。

其二，可以增强孩子的责任感。让孩子参与家务劳动，是培养孩子责任感的有效方法之一。孩子在参与家务劳动的时候，会逐渐意识到，自己是家庭中一员，有义务、有责任为家庭付出。责任感会令孩子成为一个有担当的人，孩子的未来也会因此更加光明。

其三，让孩子明白一分劳动一分收获的道理。在家务劳动中，做了才能得到回馈。譬如认真打扫卫生，家里才能保持整洁。当孩子懂得一分劳动一分收获的道理，会对以后的学习、职业生涯都很有帮助。

其四，能够锻炼孩子的身体机能。参与家务劳动，也是一种体能锻炼。在做家务的过程中，既能消耗孩子过剩的精力，也能让身体得到一些锻炼，一定程度上可以维护身体健康。

可见，让孩子参与家务劳动，对孩子的成长来说既是一种助力，也是孩子形成独立意志的积极动力。作为父母的我们，一定要放开手，并主动创造机会，教会孩子如何生活，让孩子投入到家务劳动之中，做自己生活的主人。

一位妈妈在训练营中分享了她的经历。她在孩子具备一定的动手能力后，就让孩子自己整理自己的房间。但是后来发生的一件事，让这位家长意识到，仅仅让孩子学会整理自己的房间是不够的，这并不能让孩子真正独立。想要让孩子独立，还要让他们参与更多的家务劳动。

这位妈妈分享说，在她的女儿萌萌9岁时，某个周末，妈妈突然得了重感冒，高烧不退，尽管已经吃了药，但整个人还是没有力气。晚上，妈妈实在不能给孩子准备晚饭了，孩子的爸爸又在外地出差，妈妈只能让萌萌自己煮点稀饭。

在此之前，萌萌从来没有自己煮过饭，但是妈妈觉得，煮粥是一件再简单不过的事了，孩子一定可以做好。事实却是，妈妈高估了自己的女儿。

萌萌以为一碗米只能煮出一碗粥，所以，加上妈妈的份，萌萌一共淘了两大碗米，并在此基础上放了一倍水。并且萌萌不知道电饭煲上有专门的煮粥功能，而是摁了常规的煮饭模式。最后，电饭煲里的水大量溢出，饭也没煮熟。

因为这件事，妈妈明白了，孩子离可以独立生活还很远，甚至连煮饭这种基本的生活常识都不懂。

在让孩子参与家务劳动的时候，坚坚老师有以下几点建议：

1.父母要以身作则。

孩子的成长环境会影响其性格和习惯。父母想要让孩子参与家务劳动，首先自己要投入到家务劳动之中。当孩子受到父母积极劳动的影响，才会变得爱劳动，并在参与家务劳动的过程中，渐渐掌握独立的技巧。

2.让孩子在家务劳动中意识到应该体谅父母。

有时候，强硬地让孩子参与劳动，可能反而会让孩子对家务劳动产生反感。所以，父母可以想办法让孩子主动地投入到家务劳动中。可以向孩子透露"父母累了"这样的信息。譬如，在吃完晚饭的时候，父母可以对孩子说："爸爸妈妈今天工作好累啊，你收拾一下碗筷，好吗？"孩子是天生善良的，在看到父母的疲惫后，他们会更愿意主动地投入到家务劳动当中。

3.对孩子参与家务劳动的行为给予肯定和鼓励。

图9 独立做家务是孩子独立的第一步

对孩子来说，参与家务劳动无疑是单一而枯燥的。很多缺乏耐心的孩子，往往会干到一半就撂挑子不干了。这个时候，父母要给予孩子鼓励。对孩子来说，父母的鼓励就是支持他们的动力。当孩子做好家务后，也要及时给予他们肯定，让他们再接再厉，让孩子在家务中有成就感。

4.不要向孩子灌输"家务是帮父母做的"的观念。

相信很多时候，父母在让孩子参与家务劳动时，会对孩子说"你能不能帮妈妈扫一下""你能不能帮爸爸浇下花"这样的话。这些话语，其实是在向孩子传递一个错误的观念。父母需要知道，孩子作为家庭的一分子，是有责任和义务参与家务劳动的。如果向孩子灌输"家务是帮父母做的"观点，将不利于孩子对于家庭责任感的认知。

5.合理安排孩子的家务劳动。

家务劳动有很多种，父母需要根据孩子的动手能力、年龄等因素让孩子参与家务劳动。此外，需要根据孩子生长发育的阶段，为孩子安排适当、适量的家务劳动，让孩子从做力所能及的事逐渐成长为可以自理、自立。

## 适度"放养"

人生的道路并不是一帆风顺的，每走一段平缓的路，就可能会迎来起伏。这些起伏，就是人生中的各种难题。很多时候我们只能自己面对这些难题。我们的人生经验越丰富，面对这些难题的时候越容易。如果我们缺乏人生经验，面对这些难题的时候就越困难。

人生经验由何而来？在解决生活带来的难题中积累而来，是生活给予我们的宝贵财富。但是，在孩子想要收获这些困难带来的财富的时候，很多父母总会不由自主对孩子的生活大包大揽，不教会孩子生活，不给孩子独立面对生活难题的机会。

有这样一个故事：有一个农夫捡到了一只小鹰，小鹰非常漂亮，他十分喜欢。他特地为小鹰打造了一个奢华的笼子，每天都给小鹰准备丰盛的食物。他对小鹰的照顾可以说是无微不至。小鹰渐渐长大，农夫也老了。农夫没有能力再为小鹰准备食物了，只能让小鹰自己出去觅食。没有掌握任何生活技能与生存技能的小鹰仅独立生活了三天就死去了，是饿死的。

小鹰的饿死，其实是必然，因为它从小过着养尊处优的生活，既没有掌握捕猎的技巧，也没有独自面对大自然恶劣环境的技能。

在动物界，在幼崽的成长过程中，妈妈时常会将它们驱赶到恶劣的环境中练习生存的技能。等到幼崽长大一点儿，就让它们独自生存。这就要求幼崽掌握足够的生存技能，有足够的生存经验，它才能很好地活下去。如果没有掌握生存的技能，缺乏生存的经验，那么等待它的将是被大自然淘汰。这是自然界的生存法则，也是人类世界的生存法则。

当孩子长大后，他会离开父母，他的生活是好是坏，与其掌握的生存技能、积累的生活经验息息相关。他掌握的生存技能越多，积累的生活经验越丰富，对生活中的难题就越无所畏惧。

作为父母，如果想让孩子的未来更顺利，就决不能将孩子完全保护在自己的羽翼之下，而要对他们适度"放养"，让孩子自己独立面对生活中的难题，并独立思考如何解决这些难题。

训练营中有一位家长分享了她女儿的经历。娇娇是个芭比娃娃控，她最大的乐趣就是存钱买芭比娃娃。她存的零花钱，有些是跟着妈妈劳动得来的，有些是爷爷奶奶给她的零花钱。因为这些钱都是她自己存下来的，所以娇娇妈妈很尊重娇娇，让她自由支配。

有一回，妈妈带娇娇去逛街，在路过某个商品橱窗时，一个非常漂亮的芭比娃娃吸引了娇娇。娇娇隔着橱窗，眼里都是渴望。不过，妈妈并没有给她买，而是告诉她如果想要的话，可以自己存钱买。

娇娇很懂事，没有吵闹着让妈妈买，而是表示要自己存够钱再来。娇娇问妈妈橱窗里的娃娃需要多少钱，妈妈按照自己的经验报了价格。这之后，娇娇开始努力存钱。直到半年后，她存到了妈妈当时报出的价格。

娇娇带着零花钱，在妈妈的陪同下，来到了精品屋。幸运的是，橱窗里的芭比娃娃还在。她询问娃娃的价格后，原本开心的脸立马难过了。原来，老板的报价要比妈妈说的价格高一些。

娇娇问妈妈能不能帮她补齐，妈妈给了娇娇两个选择，一是继续存钱直到存够，一个是和老板还价，看能不能便宜点儿。

在此之前，娇娇已经有独立购买东西的经历，但是从来没有讨价还价过，而她又不想回家继续存钱。所以，在妈妈说出建议后，她选择了第二种，并希望妈妈能帮她讨价还价。这一次，妈妈依然拒绝了。妈妈告诉娇娇，既然是她自己想要买的东西，那么该商讨价格的也该是她自己。妈妈对娇娇说："妈妈相信你，而且你还没尝试，怎么知道不可以呢？妈妈相信你。"

> 妈妈，你可以帮我讲价吗？

> 既然是你自己想要的东西，就需要自己讲价哟。

图10 "放养"

在妈妈的鼓励之下，娇娇

勇敢地找到老板，与老板商讨价格。因为她嘴巴比较甜，老板也比较爽快地答应了。

相信在现实生活中，有很多家长都碰到过与这相似的场景。作为父母的您是怎么做的呢，是给孩子钱，是帮孩子讲价，还是像娇娇妈妈一样让孩子自己做？这些事情可能对父母来说是微不足道的小事，解决起来也并不困难。但是对孩子来说，这是他生活的难题，甚至是巨大的挑战，如果不让他自己解决，那么他可能永远都学不会讲价的技能，也不能拥有面对困境、赢得挑战的机会。

在生活中，孩子将碰到无数的难题，每一次独立解决难题，都会让他得到经验和教训。当下一次碰到相似的难题时，他就能轻松应对。因此，父母不要总将孩子紧紧保护在自己的羽翼之下，而是要放手，实施"放养"。

在对孩子实施"放养"时，坚坚老师有以下几点建议：

1.学会对孩子说"不"。

因为孩子年龄小，会缺乏一些意志力，所以在面对生活中的难题时，会不自觉地退缩，并央求父母帮他们解决。在这个时候，父母就要对他们说"不"，并鼓励孩子自己独立面对困难。

2.把握尺度，适度"放养"。

所谓"放养"，是锻炼孩子独立生活的能力。虽然放养有助于提升孩子的经验，锻炼孩子面对困难的意志力，但是需要把握好尺度。譬如，在孩子三四岁的时候就让他独自一人去上学，是不太现实的。

虽然孩子年龄小，但也是有解决问题的能力的。所以，父母不应该一味地替孩子解决问题，而是应该学会放手，给足孩子机会让他们独立面对难题，培养孩子独立思考难题、解决问题的能力。这样，他们才能成为一棵参天大树。

## 给孩子独立的空间

很多父母都有培养孩子独立能力的想法,也传授孩子独立生活和生存的技能,但大多数父母还是停留在言传上,并没有给孩子实践的机会。

譬如,许多父母每次带孩子过马路的时候,会教导孩子"红灯停,绿灯行",告诉孩子过马路前要看看左右方向有没有车。但是,不放手让孩子独自过一次马路。父母需要明白,言传仅仅是理论,是否能真正掌握技巧,必须让孩子自己实践几次。如果父母不懂得放手,孩子将永远学不会独立生存的技能。

前面说过,在动物界中,为了让幼崽学会狩猎的技能,妈妈会给幼崽制造独自捕猎的机会。在实践的过程中,幼崽才能总结出不足,逐渐获得狩猎技巧。同样地,父母想让孩子独立,就必须给他们一个独立的空间摸索和成长,实践自己的能力,这样才能够让他们学会生存的基本技能,让他们学会如何应对危险。

著名作家林清玄写过一篇散文《桃花心木》,里面提到,他家乡的老屋旁边有一块空地,租给别人种植树形优美的桃花心木。

有一回,林清玄回到家乡,他发现,种树苗的人给树苗浇水的时间很不固定,有时候三天浇一次,有时候五天浇一次,浇水量也不固定。更让他不解的是,种树苗的人鲜少将水浇到树苗的根部,而是没有规律地乱浇一通。没几天,就有很多小树苗因此枯萎。

后来，林清玄忍不住向种树苗的人说出了他的疑惑。种树苗的人笑着说，种树不是种菜或种稻子，种树是百年的基业，需要很长的时间才能有收获。如果每天定时、定量、定点地给树苗浇水，树苗就会产生依赖，它的树根只会浮在地表上，无法扎根到地下。如果停止浇水，或是来一场狂风，下一场暴雨，树苗都会死亡。不定时、不定量、不定点浇水是为了让树苗更坚强，为了让它的根拼命往四周延伸，并牢牢扎根在地下。这样的树苗才能顽强生长，最后长成一棵大树。

种树跟培养孩子一样，只有给孩子提供独立的空间，他才能顽强成长，锻炼出独立自主的心。如此，他才能经受得住来自生活的考验和磨炼。作为父母，想要让孩子独立，就不能剥夺孩子发展和实践能力的机会，否则就等于剥夺了他们的自立与自信。

一位家长在训练营中分享了他的经历。他有一对儿女，姐姐小丽，弟弟昊昊。有一次，孩子们的外婆生病了，爸爸妈妈需要回老家一趟。但是爸爸妈妈一直为"要不要带孩子回去"这个问题纠结不已。孩子的爷爷奶奶报了老年旅游团，一时半会回不来，而女儿小丽现在是小升初的关键时期，停几天课势必会影响她的学业。昊昊倒是可以请几天假。

妈妈实在拿不定主意，便将主动权交给小丽。妈妈问小丽要不要跟爸爸妈妈一起回老家。让妈妈意外的是，小丽选择拒绝，她说不想落下课程。妈妈听后也向小丽表达了自己的担忧，譬如，她能否独立生活，自己在家是否安全，等等。

小丽坚定地对妈妈说："妈妈，你都没有让我一个人生活过，怎么知道我照顾不好自己呢？"

小丽的话虽然没有打消妈妈对她一个人生活几天的担忧，但也让妈妈不禁反思："我不给她独立生活的空间，她又如何能学会独立呢？"

最后，妈妈尊重小丽的选择，让她独立生活几天。出于安全考虑，妈妈给她留了手机,并叮嘱她要时刻带在身上,每天上学到学校、放学回家都需要向妈妈报平安。此外,妈妈也向她着重强调了几个问题,譬如,天黑后尽量不要出门;不认识的人敲门,一定不能开门;晚上睡觉前要将家里的门窗锁起来,并检查家中电器安全;等等。

> 每天上学、放学都要跟我汇报,天黑后不要自己单独出门,不要给陌生人开门,晚上锁好门窗……

**图 11　让孩子独立生活**

爸爸妈妈一共离开了三天,每一天妈妈都忧心忡忡,恨不得实时监控小丽的一举一动。但小丽表现得很好,事实证明妈妈过分担忧了。从这件事中,妈妈也学到了:父母想要让孩子独立,必须给孩子独立的空间。

想要孩子学会走路,父母就必须先放手,在一次次的跌倒中,他们才会走好、走稳。在家长抱怨自己的孩子不能独立时,不妨先反思一下自己是否给孩子一个独立的空间。

在给孩子一个独立的空间时,坚坚老师有以下几点建议:

1.在孩子面前，父母要做到不强势、不溺爱。

在与孩子相处时，父母要做到两点：不强势、不溺爱。虽然，强势与溺爱是两种不同的概念，但是从本质上看，造成的结果没有什么不同。强势的父母会剥夺孩子独立的机会，溺爱孩子的父母会将孩子纳入自己的保护伞下，间接剥夺孩子独立的机会。

想让孩子独立，父母就一定要在孩子的面前做到不强势、不溺爱。

2.鼓励孩子尝试独立。

让孩子独立，很重要的一点是让孩子尝试新事物。人在面对新事物的时候，总会迟疑、惶恐，如果孩子不能自己跨出第一步，就永远都做不到独立。所以，在孩子独立时，父母一定要鼓励孩子。对孩子来说，父母的鼓励就是勇气，能够让他们更有信心。

3.给孩子独处的空间。

孩子从小在父母身边长大，在幼儿时期，由父母照顾，所以会对父母有强烈的依赖感。如果不给予孩子独处的空间，这种依赖感很难消除，如此谈何独立呢？所以，父母不需要将孩子时刻绑在自己身边，要给予孩子独处的空间。这样，他才能学会如何自我做主，以自己的方式感受、行动、探索，可以有更清醒的自我审视和反馈。

冰心曾经说过："有了爱就有了一切，没有爱就没有世界，但有时候母亲的爱并不是健康的，反而害了子女。"

因此，父母不要将孩子完全控制在自己眼皮底下，应该给他们独立的空间，这才是真正意义上的爱孩子。

# 第三章
## 学会正确保护自己——孩子内心独立强大的前提

在父母眼中，孩子是弱小的，是需要父母保护的。然而，孩子总有长大的一天，父母也终会与孩子分开。因此，父母不能一味地充当孩子的保护伞，而是应该培养和提升他们的自我保护能力。

只有培养孩子的自我保护能力，并教会孩子正确自我保护的方法，孩子才能成为一个独立自主、内心强大的个体，进而明辨是非，更好地成长与生活，有信心、有能力面对生活中的各种事情，不会担心、害怕遇到逆境、挫折，能更加坦然地面对学习、生活中的各种困难。

## 孩子总要独自一人

大自然的生存法则是：物竞天择，适者生存。这一点在动物界的草食性动物中展现得更为淋漓尽致。因为肉食性动物的攻击，许多草食性动物的幼崽不到成年就会夭折。

一个动物纪录片曾记录了一个跳羚的故事：

在非洲大草原上，生活着一群跳羚。跳羚是羚羊的一种，长有一对尖尖的角，天生善跑、善跳。每次受到猎豹、狮子等肉食性动物的攻击时，它们就会用跑跳逃生，有时候也会用头上的角进行攻击。

在这个跳羚族群中，一只羚羊妈妈生下了一只小跳羚。小跳羚刚着地，便跌跌撞撞地站了起来。这之后，小跳羚一直跟着妈妈生活。在大自然中，草食性动物的幼崽一直是肉食性动物的首选攻击目标。所以，这只小跳羚出生后，不断遭到猎豹、狮子的攻击。不过，在跳羚妈妈的保护下，小羚羊都顺利逃脱了。

小跳羚在妈妈的保护下一天天长大。这天，跳羚妈妈带着小跳羚一起在河边喝水。突然，一只潜伏在水中的鳄鱼蹿了出来。羚羊妈妈本能地跳开了，而小跳羚因为反应速度没有妈妈快，被鳄鱼咬住了脖子。尽管小跳羚奋力挣扎，但依旧无济于事，最终被鳄鱼拖入水中。

自小跳羚出生后，跳羚妈妈便一直保护着小跳羚。但是，跳羚妈妈不可能时时刻刻保护它，仅仅是喝水的时间，小跳羚就被抓住了。倘若小跳羚能如跳羚妈妈一样，时刻保持警惕，那么它也有可能逃过一劫。

在人类生活中，孩子可能不需要面临如小跳羚那般被猎食随时丧命的危险，但是，在成长的过程中，也会遭遇众多的困难。很多父母认为自己会全力保护孩子的。但是，如同跳羚妈妈一样，父母能24小时保护孩子吗？当然不能。家长能让孩子一辈子都在自己的羽翼之下吗？也不能。所以，缺少父母保护的日子对孩子来说，可能就是灾难了。父母需要明白自己总有无法保护孩子的时候。

在与孩子相处的过程中，父母不要将自己定义为孩子的英雄，而是要成为孩子的"导师"，需要教给孩子必要的自我保护知识，帮助他提升其自我保护的能力。

悠悠读幼儿园大班时，学校组织了一场为期两天的游学活动。游学的地点就在邻市，但爱操心的妈妈怎么都不放心。因为，从悠悠出生就没有离开过父母独自生活。

这个活动并不是强制要求参加，因此悠悠妈妈在收到老师询问是否让孩子参加的信息后，内心十分纠结。妈妈既想让孩子参加，也不想让孩子参加。想让孩子参加是因为想借此机会锻炼孩子的独立能力，不想让孩子参加是因为妈妈担心孩子在游学期间出现安全上的意外。

这位妈妈打电话问李贺老师，李贺老师对这位妈妈说："你能保护孩子一时，但不能保护孩子一世。她总有一天会离开你的。到那时候，能保护她的只有她自己。在孩子的成长过程中，父母要给孩子独立的机会，要教导他们如何正确保护自己、提升自我保护能力。而且这个活动是学校举办的，老师会做好保护孩子安全的工作，我的建议是让孩子尝试。"

李贺老师的话让这位家长下定了决心，让孩子去参加游学活动。她在开始游学之前，将自己担心的问题告诉悠悠，并告诉她遇到这种问题的处理方法。

## 第三章 学会正确保护自己——孩子内心独立强大的前提

孩子就像是一艘船,去邻市游学仅仅是一次短距离的试航。在未来,孩子的航行将更广阔、更遥远,也会更长久地不在家长身边。在没有人保护她的时候,她只能学会自己保护自己。

悠悠号

**图 12 孩子就像一艘小船,总要远航**

父母应该如何培养孩子的自我保护能力,让孩子学会正确地保护自己呢?李贺老师有以下几点建议:

1.放平心态,不要过分担忧。

父母为什么要将孩子时刻纳入自己的羽翼之下呢?归根究底,是担心孩子遇到伤害。在这个心态的影响下,父母不让孩子独立做事情。但是,伤害是防不胜防的,比如小跳羚的故事。

父母与其担忧孩子遇到伤害,不如放平心态,将过分的担忧化为教导孩子如何正确保护自己的动力。孩子掌握的自我保护的方法越多、经验越丰富,父母的担忧也就会越来越少。

2.给孩子独立的机会。

不管孩子年龄多大,很多父母都依然觉得他们还小,自己有保护孩子的职责。然而，这样的保护并不是真正的保护。因为在这种状态下，一旦失去了父母的保护，孩子将无法适应社会。因此，父母要学会放手，要给孩子独立的机会，让他们在独立的过程中形成勇敢的品质，同时经历挫折、失败的考验。这样，孩子才能得到教训和经验，而这些都将成为孩子保护自己的坚硬铠甲。

3.与孩子相处时，不忘引导孩子养成自我保护的意识。

父母不仅是孩子的"父母"，而且是孩子的"老师"。在与孩子相处的过程中，如果遇到了危险，父母要做的不是一力承担，而是引导孩子养成自我保护的意识，让孩子在实践中真正地学会自我保护。

父母不能时刻跟在孩子的身边，只有好好培养孩子的自我保护能力，有目的地对孩子进行自我保护教育，才能让孩子不受到伤害。

## 讲讲"暗黑系"童话

大部分人痴迷于童话故事，因为童话里有神奇的魔法世界，有美丽的公主、帅气的王子，有会说话的小动物……

这些天马行空的想象构筑出的恢宏世界，会令孩子特别沉迷，甚至无法自拔。

当然，孩子喜爱童话还有另外一个重要原因，因为童话里总透露着美好，童话的结局也通常是正义战胜邪恶。

譬如，在《灰姑娘》这个故事中，灰姑娘遭受继母、继姐刁难的时候，仙女教母出现了。在仙女教母的帮助下，灰姑娘和王子幸福地在一起了。在《白雪公主》这个故事中，白雪公主每次遭受恶毒王后的伤害时，总有人出现并帮助她，故事的结局也很美好，公主和王子结婚了，恶毒的王后遭到了惩罚。在《小红帽》的故事中，即使小红帽和外婆已经被大灰狼吃进了肚子，被猎人救出后也依然活蹦乱跳，成功打败了大灰狼。

童话故事向孩子们阐述世界的纯洁和美好，久而久之，孩子们会认为世界上的邪恶终会被正义打败，这是很好的影响。但是这些美好的童话故事也可能会让孩子们认为，在自己遭遇危险的时候，将有英雄来拯救自己，这是非常危险的。

童话故事体现的是人们对美好事物的追求，在现实中遭遇危险时，是不会出现小仙女的，想要摆脱危险，唯有自救。

与孩子相处时，不能只向孩子阐述世界的美好，也不能只讲美好的童话故事，有时也要适度讲一讲"暗黑系"童话。只有孩子认知到社会存在危险、身边存在邪恶，才会抱有警惕之心，才能懂得保护自己。

我们训练营中的一对父母，他们的儿子叫晨晨。

每次爸爸妈妈带晨晨出门，都要对他投注十二分的关注。因为晨晨一出门，就像是草原上的骏马，四处狂奔，家长的目光稍微离开他一点儿，他就跑没影儿了。

晨晨从小就有乱跑的习惯，妈妈总是叮嘱晨晨不要到处乱跑，要跟着妈妈，否则就会走丢的，但是每次晨晨都不以为然。他告诉妈妈，猪猪侠会帮助迷路的他找到回家的路的。

晨晨这样想，是因为他特别喜欢看《猪猪侠》，在这部动画片中，有人遇到麻烦时，猪猪侠便会赶去帮忙。渐渐地，晨晨也认为，当他遇到麻烦的时候，猪猪侠也会来帮助他。为了纠正晨晨认为的猪猪侠会拯救自己的危险想法，妈妈多次向晨晨解释猪猪侠是不存在的，但晨晨依旧深陷其中。后来，妈妈决定给他上一堂"暗黑系"课程，以证明猪猪侠不会在危险中拯救他的事实。

晨晨4岁半的一天,妈妈带他去公园。妈妈提前找来了自己的朋友,让朋友在晨晨没来得及反应时将他抱了起来,飞快地跑入公园的羊肠小道。晨晨看着妈妈消失在他的视野中,连忙大喊猪猪侠来救他。但是,不管晨晨怎么呼叫,猪猪侠都没有来。晨晨害怕了,"哇"地大哭起来。妈妈也终于出现在晨晨面前。

图13 讲讲"暗黑系"童话

这件事之后,妈妈问晨晨,猪猪侠出现了吗?晨晨摇头说没有。在晨晨终于认清现实的基础上,妈妈又跟他强调了一遍,动画里的人物都是虚假的,根本不能在危险的时候帮助他。与此同时,妈妈也跟他说明了被坏人带走的可怕后果。妈妈告诉他,这个社会整体是美好的,但是阳光下也会有阴影,社会上有一些专门偷小孩的犯罪分子,这些犯罪分子抓到小孩后，会将小孩的手脚打断，然后让他们去乞讨。妈妈还搜索了相关新闻给晨晨看。

妈妈的"暗黑系"教育非常有用。从此之后，晨晨不管和谁一起出门，都不会像之前一样乱跑了。即使他在玩耍，也会时不时地回头看看爸爸妈妈还在不在身边。

童话世界虽然美好，但终归是虚拟的，不能让孩子一直生活在童话之中。在现实生活中，美好和邪恶相生相伴，我们要教导孩子成为一个内心善良的人，也要教导他们警惕现实中可能存在的危险，注重培养孩子的风险意识。

为了让孩子更好地保护自己，父母要适度地给他们讲讲"暗黑系"故事，目的不是恐吓孩子，而是让孩子知道世界并不是一片光明，还存在一些阴影。

在"暗黑系"教育的过程中，李贺老师有以下几点建议：

1.关注孩子是否能正确区分童话与现实。

童话能够给孩子带来欢乐，能够激发孩子的想象力，但是，不能让孩子沉迷于童话编织的美梦。当孩子过度地将童话和现实混淆时，父母要打破他们的童话梦，将他们拉回现实。譬如晨晨，他将自己的安危寄托于猪猪侠的出现，这显然是严重脱离现实的。在这时候，家长就要帮助孩子分辨虚拟人物与现实人物的区别，让他知道虚拟人物是无法出现在现实世界帮助自己的。

2.纠正童话故事中严重脱离现实的情节。

童话是杜撰的，有很多情节是理想化的，是脱离现实的。父母可以让孩子读童话，但对其中严重脱离现实的情节，要及时区分、纠正，以免让孩子有错误的认知。

3.适当地讲"暗黑系"童话。

在童话故事中，并不是所有童话都是美好的，也有探讨人性险恶的"暗黑系"童话。对于这类童话，父母也可以适当地给孩子讲一讲，譬如《潘神的迷宫》《卖火柴的小女孩》等。在讲完这类故事后，父母可以为孩子分析故事中不美好的部分，予以警示。

4.给孩子说一说现实中的"暗黑系"故事。

在现实生活中，不美好的事还是很多的。譬如，孩子被拐、孩子给陌生人开门后被伤害等。对于这些有可能发生在孩子身上的不美好的事，父母可以当作"暗黑系"故事说给孩子听。取材于现实的"暗黑系"故事，能令孩子更加注重自己的安全问题，也会让孩子将保护自己的方法铭记于心。

## 教授孩子保护自己的方法

在动物中，乌贼是很能保护自己的。在遇到危险的时候，乌贼的御敌方法可谓花样百出，它们也因此很少被猎杀。

乌贼，又叫墨鱼，是生活在海洋中的软体动物。软体动物是大量鱼类动物的捕食对象，不过，乌贼却依然能肆意地在海洋中畅游，因为它具备丰富的御敌办法。

在遇到袭击时，如果乌贼提前发现不远处的敌方，它会立马改变自己身体的颜色，让自己与周围的环境融为一体，再借机逃跑；如果敌人已经近在眼前，它就会挥动自己的触手，扰乱敌人的视线，再迅速逃跑；当遇到的敌人太过强大时，它就会释放自己的墨汁，迷惑敌人视线，趁乱逃离。这些御敌技巧，大部分时间都可以成功保护乌贼的安全。

如果说，我们的社会是一片海洋，那么孩子就是海洋食物链中最弱小的存在，随时都有可能遇到危险。任何比他们力量强大的人，都可能对他们造成伤害。父母不可能时刻在孩子身边陪伴保护，最终还是要孩子自己拯救自己。

在孩子遇到危险或困扰的时候，该如何进行自我保护呢？

虽然孩子不能像乌贼那般用身体变色、喷墨等手段自保，但可以用拒绝、大喊"救命"、逃跑、还击等手段保护自己。这些自我保护的手段，需要根据所处的环境选择性应用。

在一档亲子类综艺节目中，为了考验8岁儿子的自保能力，爸爸特地乔装打扮一番，并模拟诱拐小孩的情景，地点在人来人往的街头。

爸爸将自己化装成一个胡子花白、拄着拐棍的老爷爷，突然出现在孩子的面前，并对着孩子呻吟起来。孩子很有礼貌，问"老爷爷"怎么了。"老爷爷"呻吟着，说自己有点不舒服，希望孩子能送他去医院。孩子很聪明，他担心"老爷爷"是坏人，不敢和对方去医院，但同时，他也很善良，他对"老爷爷"说，自己还很小，没有能力送他去医院，他可以找别的大人帮忙，或是帮忙拨打"120"电话。

"老爷爷"连忙制止了孩子，说不想让别人送，就想让他送，并抓住了孩子的胳膊。孩子在挣扎的时候，不小心扯开了"老爷爷"的白胡子。孩子看到"老爷爷"的胡子是假的，立即意识到这个"老爷爷"是假装的，所以他也变得严肃起来。

在"老爷爷"的再三纠缠下，孩子愤怒地说："你走开，你根本不是个老爷爷，你是骗子！你再靠近我，我就大喊了。"话音刚落，孩子就真的朝路上的行人大喊"救命"。在引起行人的关注后，这场考验也落下了帷幕，孩子成功保护了自己。

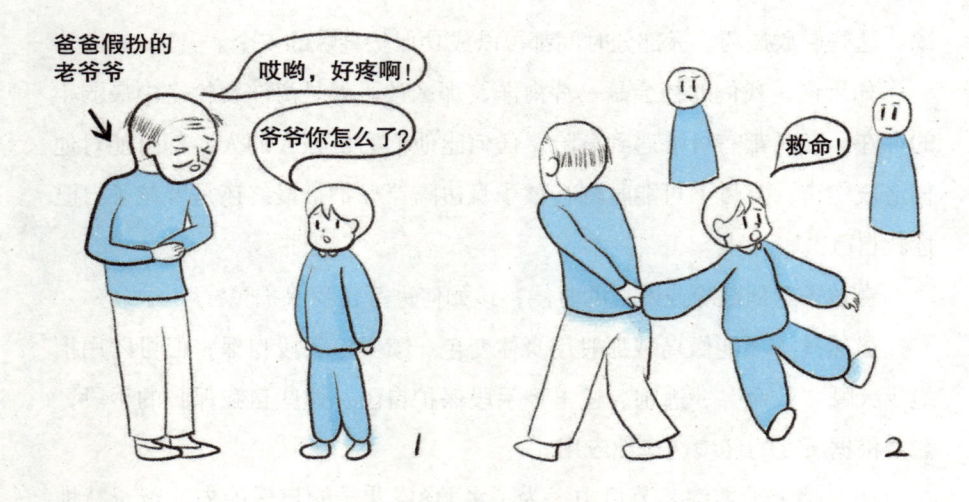

图 14　让孩子学会保护自己

在这个情景实验中，孩子是善良的，他乐于向他人提供帮助；他也是聪明的，在向他人提供帮助的时候，考虑到了自身的安危；他也非常机智，通过敏锐的观察，在意识到自己可能遇到危险时，他通过愤怒地揭穿和大喊的手段来进行自我保护。也可以看到，孩子选择的自我保护手段是结合了周围环境的。如果情景发生的地点在寥无人烟的地方，譬如山林、田野等，愤怒、大喊是没有用的，只有在人来人往的地方，用愤怒、大喊才能震慑、吓退心怀不轨的人。

拒绝、愤怒、大喊、逃跑、还击等自我保护的手段不仅能运用在危险的情境下，在其他时候，也可以利用这些手段保护自己。

训练营中的一位家长曾分享她女儿佳佳的经历。

随着年龄的增长，佳佳越来越乖巧、文静，别人请求她帮忙时，她基本不会拒绝。她的一些同学因此认为她是"老好人"，好欺负。在意识到同学总是把自己应该做的事丢给她的时候，佳佳感到非常困扰，于是她选择用还击的手段保护自己。

有一回，佳佳的一个同学请求她帮忙值日。佳佳答应了，但是她和同学说明，她今天帮忙值日，等到她值日时，对方也要帮助她，她的同学点头说好。

为了防止对方耍赖，佳佳特地和卫生委员做了报备。果然，她值日的那天，她的同学没有帮她值日。卫生委员将这件事上报给老师。最终，老师惩罚她的同学连续值日三天。

佳佳的同学在看到佳佳的反击后，再也没有人随意让她帮自己承担责任了。因为佳佳用还击的手段告诉同学，她并不是一个软弱的"老好人"。

对于教导孩子使用拒绝、愤怒、大喊、逃跑、还击等手段进行自我保护这件事，李贺老师有以下几点建议：

1.提升孩子的自我保护意识。

在与孩子相处的过程中，父母要对孩子说明社会的黑暗、人性的险恶，让孩子知道，自己身边可能存在危险和恶意。当孩子意识到自己的安全可能受到威胁，或是受到困扰时，就会采取手段来进行自我保护。

2.教导孩子根据环境选择保护自己的手段。

保护自我的方法有很多种，但需要根据所处的环境来选择。譬如，当对方是一个力量强于自己且可能会伤害自己的人，不能硬碰硬，保护自己的最佳方法是跑到人多的地方；当一个力量和自己不相上下且欺软怕硬的人给自己造成困扰时，可以适当地采取还击的手段来摆脱困扰，以保护自己。

3.要有识别和防范环境危险的意识。

父母要有意识地告知孩子哪些是危险环境，比如，在人多车多的环境下，需要孩子记住"45厘米原则"，即与父母的距离不能超过45厘米；不能单独和同学去密闭的空间；不私自去酒吧等未成年人不能进入的场所；

不随意喝离开自己视线的饮料；等等。一旦意识到危险，就可以用拒绝、愤怒、大喊的方式进行自我保护，并尽快离开危险环境。

只有培养孩子拥有足够的自我保护能力，教给他们各种各样自我保护的方法，让他们具有应对危险环境的应变能力，才能真正让孩子远离危险。

## 自我保护的秘诀：拥有辨别是非的能力

《西游记》是明代小说家吴承恩的著作，讲述的是唐僧师徒四人去西天取经的传奇历险故事。可以说，唐僧经历九九八十一难，最终成功取得真经，很大程度上得益于孙悟空的保护。孙悟空不仅本领大，还有一双善于观察、明辨是非的火眼金睛。如果没有这双火眼金睛，师徒四人可能会被各路妖怪的变化所欺骗。

作为弱势群体，孩子面临的危险和伤害要比成年人更多，除了教会孩子正确保护自己的方法外，父母也需要培养孩子明辨是非的能力。当孩子拥有一双像孙悟空一样的火眼金睛后，他们身边的一切"妖魔鬼怪"都会暴露无遗。

让孩子拥有明辨是非的能力是孩子能有效保护自己的必备技能之一，也是让孩子从容应对逆境的底牌。比如，当屋外有人敲门时，有区分能力的孩子会思考多个问题：外面的人是谁？对方的话是真话还是假话？对方是好人还是坏人？等等。通过自我思考、自我质疑、多番求证、向父母或家人求助等办法，孩子才会最终决定要不要给对方开门。

可见，拥有明辨是非的能力能够让孩子多多思考，从而判断对错、好坏。当孩子对人或事物有了清楚的认知，就不会轻易让自己陷入危险，可以有效地保护自己。

一位爱在我家"优势生命力"训练营的学员的女儿秋秋，就用她出色的区分能力保护了自己的安全，事情发生在秋秋8岁的时候。

那天是周末，妈妈和秋秋早早地起床了。秋秋说她很想吃楼下早点铺的灌汤小笼包，妈妈就带着秋秋前往那家早点铺。

出门后，秋秋在前头小跑，妈妈在后面跟着，两人相隔100多米。在快到早点铺的时候，突然有一男一女拦住了秋秋。这对男女很年轻，女生笑着跟秋秋说了些什么，秋秋用手指了某个方向。女生又说了什么，秋秋摇了摇头。就在这个时候，女生突然挽住秋秋的胳膊，秋秋立即使劲挣脱开来。

妈妈在看到他们交流的时候就立即向前跑去，而秋秋也在挣脱女生之后朝妈妈跑来。那对年轻男女看到秋秋跑到妈妈身边后，立即调头走了。

秋秋告诉妈妈，开始的时候这对男女问她附近哪儿有早点铺。秋秋说前面有好几家，并给他们指了方向。但这对男女并没有离开，而让秋秋带他们过去。秋秋觉得，她已经清清楚楚地告诉对方早点铺在哪儿了，对方却依然坚持让自己带他们去，肯定没安好心。所以，秋秋拒绝了，但让她意想不到的是，对方居然拉着她的胳膊。秋秋下意识地挣脱起来，也更加肯定她遇到了坏人。之后，她跑向了妈妈。

这对年轻男女是否是坏人，直到现在秋秋妈妈也并不能确定。但是，在遇到这种情况的时候，秋秋的拒绝是没错的。如果真的等到陷入危险，秋秋想逃脱就为时已晚了。秋秋能够保护自己，与她辨别是非的能力息息相关。

在生活中，危险、困难是无处不在的，有些危险、困难需要孩子自己判断，并掌握正确保护自己的方法。

如何培养孩子辨别是非的能力呢？李贺老师有以下几点建议：

1.培养孩子的安全防范意识。

通常来说，人在警惕的时候，才会发挥辨别是非的能力，然后产生自我保护的意识。想让孩子有一颗警惕心，父母就要培养他们的安全防范意识。对此，可以根据孩子的心理素质与年龄情况，向孩子普及一些人性、社会的阴暗面和复杂面，同时也要传授给孩子安全防范的技巧。不仅要让孩子知道有哪些危险，还要让孩子掌握应对危险的基本技巧。

2.告诉孩子不要凭外表判断人的好坏。

美好的事物总容易获得他人的好感，单纯的孩子看到外表出色的人会不自觉地信任对方。但是，坏人从来都不会将"我是坏人"四个字写在脸上，甚至外表出色的人可能更具有欺诈性、危险性。

父母要告诫孩子，在辨别人的好坏时，不能光凭外表，还需要注意区分、辨别；也不能仅凭道听途说或仅根据眼前所见判断，因为眼见也不一定为真。辨别人或事物好坏一定要多方位，要根据观察到的细节来区分、分析和判断。

3.帮助孩子建立保护自我的是非观。

辨别是非的能力可以保护孩子，但前提是要有一个保护自我的是非观。如果缺乏保护自我意识，即使孩子具备辨别是非的能力也会陷入危险。譬如，如果孩子认为见义勇为在个人安危之上，就极有可能将自己置于危险之中。要教导孩子乐于助人，但是应该建立在自我安全的基础之上。因此，父母要帮助孩子建立能够保护自我的是非观，培养孩子独立思考的质疑能力。

授人以鱼，不如授人以渔，父母与其相信自己能永远保护孩子，不如现在就开始传授孩子保护自我的方法，培养孩子辨别是非的能力，这样，孩子才能自己保护自己。

## 如何面对霸凌

有这样一个童话故事：

一位美丽的公主，她的国家遭到了敌人的袭击。在侍卫的保护下，她安全逃脱。为了拯救自己的王国，公主带着自己的侍女前往邻国，找到与她有婚约的王子求助。在此之前，公主和王子并没有见过面，公主的侍女因此动了恶念。

侍女对公主威逼利诱，让公主脱下华丽的衣服，她自己穿好，并让公主穿上侍女服。侍女对公主说，从此以后自己就是公主，与王子有婚约的也是自己，如果公主敢告诉别人自己取代公主的秘密，就杀了公主。

公主害怕极了，保证自己什么都不会说。之后，公主一直被侍女折磨，每天以泪洗面。即使有与王子单独相处的机会，她也不敢说出真相。

后来，王子发现假公主的言行举止十分粗鲁，假侍女却优雅大方、心地善良。根据这些蛛丝马迹，王子发现了侍女取代公主的真相。

这则童话故事的结局很完美，但是过程令人感到压抑，尤其看到公主遭到侍女霸凌的时候，非常希望王子能立即知道真相。同时，对于公主的懦弱，也很是怒其不争。公主曾经有很多次和王子独处的机会，如果她能勇敢地将真相告诉王子，就不会受侍女那么长时间的折磨了。

在现实生活中，孩子身边可能也存在霸凌现象，施暴的人也许是孩子的同学，也许是邻居，也许是其他的陌生人。很多时候，孩子在遭遇霸凌时，会与公主一样，受到施暴人的威胁，譬如"你要是敢告诉别人，我就打死你""你敢告诉别人，我就杀了你的家人"等。当孩子的心灵被这些话震慑，便会屈服于施暴人的淫威。

孩子的屈服会让施暴的人停止霸凌吗？显然不能。孩子对霸凌越是沉默，施暴人就会越发得意，继而实施更加残酷的霸凌手段。这样的例子在新闻上已经屡见不鲜。

怎样才能让孩子远离霸凌呢？几乎每一起霸凌事件，都是在受害人将这件事告诉老师或父母的那一刻终止的。

父母需要告诉孩子，当他们遭遇到霸凌时，不要沉默，要及时地告诉父母或老师。要告诉孩子，父母和老师会完全地支持他、保护他。

爱在我家"相约去远方"的训练营中，教授父母清理孩子负面情绪的技巧时，牛牛家长分享了他的经历。

在牛牛二年级的时候，曾遭遇过校园霸凌，他和很多被霸凌的孩子一样，在最初的时候没有告诉父母、老师。最后在妈妈的鼓励之下，才告诉了妈妈他遭到校园霸凌的真相。

牛牛3岁的时候，妈妈就给牛牛买了一个小猪的存钱罐。此后，牛牛便有了存钱的意识。几年下来，他的小猪存钱罐已经沉甸甸了。牛牛一直将存钱罐放在书桌上。一天，妈妈突然发现牛牛的存钱罐不在书桌上了。

妈妈随口问牛牛，小猪存钱罐放在哪儿了。牛牛支支吾吾地说放在衣柜里了。妈妈随即说，存钱罐不能和衣服放一起。妈妈想要去他房间从衣柜拿出存钱罐时，牛牛迅速跑回房间，并说他会自己拿出来的。

看着牛牛慌张的模样，妈妈意识到，牛牛肯定有什么事瞒着自己。趁着牛牛上学的时候，妈妈去牛牛的房间搜索了一番，结果，在牛牛书桌的柜子里发现了已经破碎的小猪存钱罐和几枚硬币。妈妈记得，在此之前，牛牛已经存下了好几张20元的纸币，但现在都不见了。

妈妈并没有立即质问牛牛这件事，而是将柜子里的钱数了一遍，想看看牛牛拿走了多少钱。在接下来的几天，存钱罐里的钱每天都会少20元。妈妈百思不得其解，因为牛牛在学校里根本没有花钱的地方，但是最近每天都带出去固定的钱。后来，妈妈决定跟牛牛谈一谈。

在妈妈的耐心询问下，牛牛告诉妈妈他拿钱的真相。原来，牛牛在学校遭到了高年级同学的勒索，对方告诉牛牛，必须每天都交20元钱，不然就会揍他。此外，对方还警告牛牛，让他不要将这件事告诉父母和老师。牛牛在对方的威逼之下，砸碎了自己的存钱罐，并连续多日给对方带钱。

牛牛妈妈曾经以为，霸凌这件事离自己的孩子很远，所以她并没有认真地教导过孩子在遇到霸凌的时候该怎么做。没想到，孩子不仅已经遭遇霸凌而且已经持续一段时间了。

妈妈看着牛牛紧张的小脸，认真地问牛牛："爸爸妈妈和老师是不是比向你要钱的同学强大？"牛牛点头。之后，妈妈告诉牛牛，向他要钱的同学正是因为害怕爸爸妈妈和老师，才让他不要告诉爸爸妈妈和老师的。

为了让牛牛感受到父母和老师的态度，在处理他被勒索的这件事时，妈妈特地将牛牛带在身边。牛牛看到曾经威胁他的同学低头向他道歉，他意识到，在遭遇霸凌时，及时告诉父母和老师，是可以保护自己不受欺负的。

对孩子来说，霸凌不只会伤害他们的身体，也会伤害他们的心灵。这种创伤很可能会影响孩子一生。父母一定要告诉孩子，在遭遇霸凌的时候，不能沉默，一定要及时告诉父母和老师。

在面对霸凌这件事上，李贺老师有以下几点建议：

1.在孩子心里建立父母、老师比施暴者强大的形象。

很多时候，孩子被霸凌后不敢告诉父母或老师，是因为畏惧施暴者，认为施暴者比父母、老师还要厉害。父母需要明确地告诉孩子，自己是不

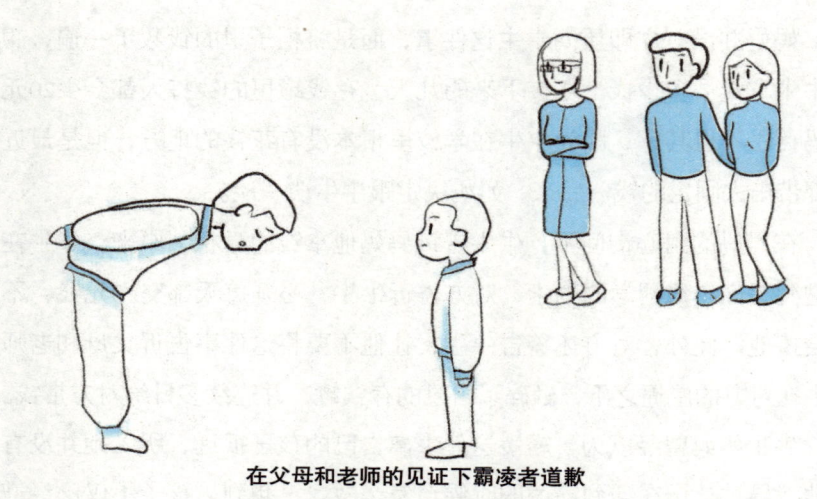

**在父母和老师的见证下霸凌者道歉**

**图 15　教孩子如何面对霸凌**

惧怕任何施暴者的,要在孩子心中树立父母、老师很强大的形象。当孩子感受到父母、老师的强大后,才能无惧施暴者的威胁,在遭遇霸凌时,主动向父母或老师求助。

2.父母要关注孩子的言行举止。

孩子遇到霸凌时,会由于各种原因,不敢告诉父母和老师。等到父母和老师发现时,可能为时已晚,因为施暴者已经给孩子留下了不可愈合的心理创伤。在霸凌这件事上,父母不能等着孩子说,要时刻关注孩子的言行举止。当孩子情绪低落、闷不作声,或是身体出现伤痕时,父母就要警惕,这很有可能是孩子遭到霸凌的表现。

3.鼓励孩子在遇到霸凌时一定要第一时间说出来。

在孩子的成长过程中,谁也不能保证他们不会遇到霸凌。父母一定要尽早让孩子具备"遇到霸凌一定要说"的观念,并积极鼓励孩子与自己交流。只有孩子敢说,父母才能帮助孩子解决。

4.从广义的角度给孩子科普什么是霸凌。

不仅是身体受到伤害叫霸凌，被孤立、被威胁、被勒索等，都属于霸凌范畴。父母需要从广义的角度告诉孩子什么是霸凌。只有对霸凌有透彻的了解，孩子才能更好地判断自己是不是遭遇了霸凌，才会有后续的应对办法。

5.让孩子养成运动的习惯，保持健康。

运动不仅能增强孩子的身体素质，也能增加孩子的自信，另外，当孩子遇到霸凌时，孩子的爆发力和速度也更占优势。当孩子自己有力量，会让霸凌者不敢轻举妄动，进而减少孩子遭受霸凌的可能。

6.让孩子学会自立、自强、自爱。

树立自立、自强、自爱的意识，能让孩子变得更加积极、勇敢，有意识地进行自我防范和自我保护，在遭到暴力侵害时，更有勇气和能力逃脱或自我防卫。如果孩子不独立、不自强，也就不知道保护自己和爱自己，那么无论外界怎样帮助，也无济于事。

## 对孩子进行性教育很重要

在中国，"性"是一个含蓄的话题。在孩子成长的过程中，鲜少有父母会对孩子进行性教育。因此，很多"魔鬼"向孩子伸出了罪恶之手，而孩子因为懵懂无知，并不知道自己在遭遇什么，也不会告诉父母，即使说了，也会因为讲述不清而被父母忽略。

曾有一份儿童遭受性骚扰的统计，据不完全统计，平均每6个孩子中，就有1个受到过性骚扰，遭受性骚扰的孩子的平均年龄为9岁。

在美国，在小学一年级就会对孩子进行性教育，初中就会进行性约束、性成熟等方面的教育；在英国，在孩子5岁左右就会接受性启蒙教育；在芬兰，孩子在幼儿园时期就会受到性教育，老师会像说童话故事一般告诉孩子如何保护自己的身体。

在我国，因为屡屡出现的"儿童性骚扰"案件的新闻报道，父母和老师开始更加关注孩子的性教育。但是，有些父母对"性"这个话题十分避讳，不能对孩子进行正确、全面的性教育。父母需要明白，对孩子进行性教育并不是一件难堪的事，而是在保护孩子，是对他的健康进行保护。

性骚扰者就像霸凌中的施暴者，孩子越沉默，他们就越猖狂。只有孩子意识到自己正在遭受性骚扰，他们才会告诉父母或老师，才能将他们从"魔爪"中及时解救出来。

爱在我家"性教育训练营"在指引父母对孩子进行性教育方面有着丰富的经验。

对孩子进行性教育，最早可以从3岁开始。这个年纪的孩子，已经懂得什么是害羞了，在这个时候对孩子进行性教育也会事半功倍。

譬如带孩子出去玩的时候，孩子想要上厕所，家长不能随便找一个地方，而是应该带他去相应的厕所，周围没有厕所的时候要告诉他得忍一下，不能随地大小便。可能有的孩子会看到其他小朋友随便找个地方，这个时候，家长就要告诉孩子，在户外大小便是一件很不礼貌，也很不安全的事。

譬如，在孩子和其他小朋友玩耍的时候，可能会随便地掀开上衣，或着脱光裤子，对于孩子来说，这可能只是好玩或者从众，但家长不能任由孩子这样，要从小就告诉孩子，身体哪些部位是隐私部位，是不能将自己身体的隐私部位随意暴露的。

在孩子3岁半时，可能就会进入幼儿园，脱离父母的视线，家长对孩

第三章　学会正确保护自己——孩子内心独立强大的前提　79

子的性教育就可以进入正轨了。每次帮孩子洗澡或换衣服的时候，家长都可以告诉孩子身体上哪些部位是不能随便让任何人摸的，如果有人故意触碰这些地方，一定要告诉爸爸妈妈。

孩子进入幼儿园后，家长要注意观察孩子的身体，如果身上有地方泛红或者有异样，家长要仔细询问孩子上学的时候发生了什么，询问孩子有没有人触摸他的身体，有没有人对他做一些奇怪的事，等等。

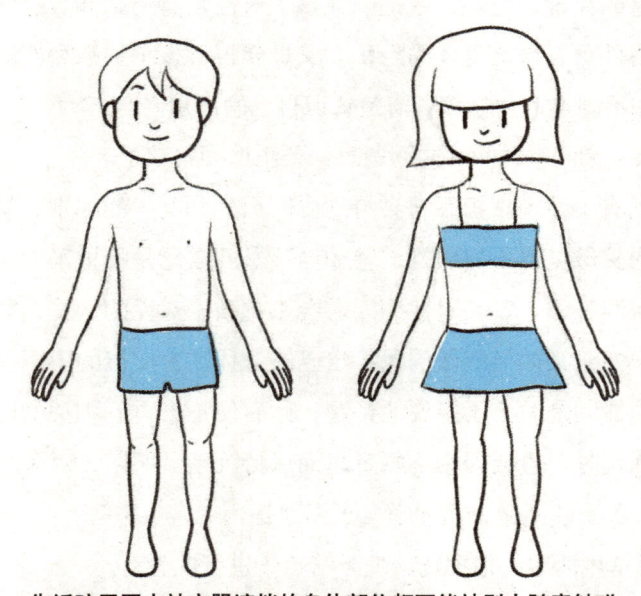

**告诉孩子图中被衣服遮挡的身体部位都不能被别人随意触碰**

**图 16　性教育很重要**

当家长有意识地进行性教育后，孩子也会渐渐懂得保护自己的身体，会抗拒和陌生人亲密接触。即使是熟人，如果有肢体敏感位置的接触，也会抗拒。即使是捏孩子的脸，孩子都会躲开。

还有一点非常重要，在对孩子进行性教育时，不能男女区别对待。有的家长以为男孩没有那么娇贵，但是在性侵害这件事上，男孩和女孩面对的危险是一样的，受到的伤害可能也是一样的。家长要记住，不管是男孩还是女孩，都需要对他们进行正确的性教育，这样孩子才能保护好自己。

在对孩子进行性教育，提高孩子自我保护意识这件事上，李贺老师有以下几点建议：

1.让孩子对自己的性别有清楚的认知。

性教育的关键点之一，就是要让孩子对性别有所认知。有性别认知，孩子才会格外留心自己身体的隐私。父母要告诉孩子男孩和女孩在性别上的相同点和不同点，并让孩子清楚认识自己的性别。

2.当孩子询问有关两性的问题时，要正面回答孩子。

当孩子有了性别意识后，会特别爱问男生和女生的区别，有些问题可能会让一些父母觉得不好回答，譬如当孩子问自己是哪里来的，有的家长就不知如何回答了。家长对性的回避会影响孩子对性的认知，如果孩子不能正确认识性，又如何能做到保护自己的身体呢？父母的不回答也会让孩子认为他的提问是一个不能说的话题，此后便不会再问相关的问题，甚至在遭受性骚扰时，也会因为不好意思而保持沉默。所以，对于孩子的两性问题，父母决不能回避，而要学会正面回答。

3.在日常生活中，根据场景随时给孩子进行性教育。

孩子是很容易忘记的，一段时间不提某件事，他们就会忘记。当某件事一直被提起，他们就会铭记于心。所以，在日常生活中，父母要注意随时给孩子进行性教育，告诉他们相关的知识。譬如，在孩子洗澡时、换衣服时、陪孩子玩游戏时，都可以告诉孩子，身体的哪些部位是不可以给别人看、不能让别人摸的。

4.借助儿童类的两性图书让孩子更加了解性知识。

为了让孩子更好地保护自己，现在有各种关于性教育的儿童绘本。这些绘本的讲述方式简单又轻松，既利于孩子理解，也能让孩子更多地了解性知识。

父母想要让孩子懂得自我保护，学会爱自己，就不能将性教育当作一个耻于开口的话题。只有懂得了性知识，孩子才能懂得保护自己的身体和人身安全，才能远离危险和侵害。

# 第四章

## 允许孩子犯错

每个人都会犯错，孩子也不例外。犯错其实没什么大不了，父母应该给孩子犯错的机会，并且教会他们正确面对自己的错误以及如何从中吸取教训。只有这样，孩子才能学会独立思考、自主反省，实现自我管理和自我转变。

## 给孩子制造犯错的机会

世界上没有人能做到完美，每个人都会犯错。每一次犯错，都是一场挫折，极其考验人的承受能力。

犯错误的频率在一定程度上决定孩子面对错误时的心态。

如果孩子时常犯错，那么他的心态将会是平稳的，会坦然地面对犯错之后的结果；如果孩子鲜少犯错或从来没有犯过错，那么他的心态将会是消极的，可能无法承受自己犯错的后果。孩子会有这样两种截然不同的心态，与他们所处的环境有关。

当孩子生活在逆境之中，他们会将每一次犯错当作是一场磨炼；当孩子生活在顺境之中，那么他们会将犯错当成很严重的事情，在面临挫折的时候，心态就会十分脆弱，承受不了压力，对错误的恐惧感被无限放大，不敢直视自己的错误，也不敢承担犯错的后果。这对孩子的成长是极其不利的。

孩子就像一棵树，在逆境中，它的根系会疯狂地向更深更远的地方延伸，会牢牢抓住大地；在顺境之中，它的根就只在大地的表层，当暴风雨来袭，在逆境之中成长的树能够安全活下来，而顺境中的树则会被连根拔起。因此，父母不能将孩子放在温室之中，不能为孩子承担他该承担的挫折和磨炼。应适当地将孩子放置在逆境之中，让他们感受犯错，学会承受，并在犯错之中提升自控力和意志力。在犯错之后，思考如何改错和进步,如何让自己变得更好。

在爱在我家"父母教养技巧"训练营中,一位家长分享了他的经历。

他的孩子嘉敏十分乖巧懂事,几乎没有犯过什么大错,只是一些无关紧要的小错。因此,她的心理承受能力有些差。

嘉敏读二年级的时候,在那一年国庆节,爸爸妈妈决定带她去上海迪士尼玩。去迪士尼一直也是嘉敏的心愿,所以,当她得知这个消息后,喜出望外。

这一次的旅程预计四天,第一天和第四天往返,中间两天游玩。在出行之前,妈妈特地询问嘉敏,要不要将假期作业带上。嘉敏摇头说不用,回来写也来得及。因为嘉敏的成绩一直很好,她的学习安排,妈妈也非常尊重。于是嘉敏就没有带假期作业,一家人开开心心地开启了假期旅行。

几天过去了,嘉敏玩得很开心。在第三天晚上一家人即将返程的时候,妈妈接到了好友的电话,邀请他们一家去海南玩。妈妈询问先生和孩子的意见,先生说可以,嘉敏虽然有所犹豫,但想到海滩、椰树以及碧蓝的游泳池,也同意前往。当时,妈妈提醒嘉敏她的作业没有写完,但嘉敏说她回去可以完成。于是一家人又临时转程去了海南。

一家人在海南一直待到假期的最后一天,回程的机票是当天晚上10点多的航班。到家的时候已经凌晨2点多了。从机场回家的路上嘉敏一直呼呼大睡。到家后,她也准备立即回房间继续睡。妈妈再一次提醒嘉敏,她还有作业没有写完。嘉敏说知道了,她会写完再睡。但她实在太困了,作业一个字都没写就睡着了。

天亮后,嘉敏反应过来自己的作业一点儿都没写,立即大哭。当妈妈说到了上学的时间,该去学校了的时候,她连忙摇头说不去学校,她怕老师因为她没写作业而惩罚她。妈妈安慰她说,可以主动跟老师承认错误,然后再补上。但嘉敏一直哭着摇头说不敢,非要妈妈陪着自己一起去。

第四章　允许孩子犯错　87

　　平时妈妈没有注意到，通过这件事，妈妈发现嘉敏的心理承受能力相对较差。而造成她心理承受能力差的原因，是她一直处在顺境之中，鲜少犯错。为了提升嘉敏的心理承受能力，妈妈在之后甚至刻意地为嘉敏创造犯错的机会，让她在感受犯错的同时，提升自己的意志力。

　　凡事都存在两面性，就犯错来说，如果犯错太多，会令孩子对犯错麻木，认为犯错没什么大不了；如果犯错太少，会令孩子在遇到挫折的时候一蹶不振。作为父母，要理性地看待孩子犯错的行为。对于那些鲜少犯错的孩子，父母应该要让他们感受一下犯错。

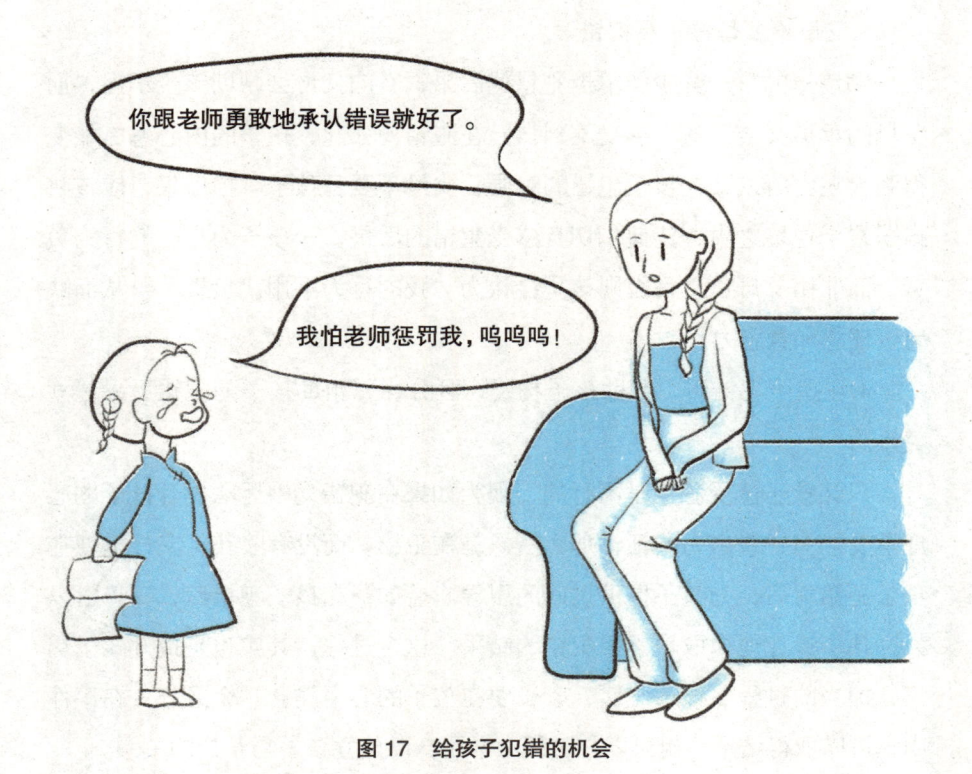

图 17　给孩子犯错的机会

在引导孩子正确看待犯错上，李贺老师有以下几点建议：

1.循序渐进，让孩子先面对小错再面对大错。

对于鲜少犯错的孩子来说，他们的心理承受能力也相应地不是很强。平时被保护得太好，没有犯错的经验。如果一下子犯了大错，会极其恐惧犯错之后的后果。所以，父母应该引导孩子面对犯错，并且要循序渐进地进行，先面对小错，让孩子的心理承受能力、意志力有所提升，再让孩子练习面对大错。

2.为孩子创造犯错的机会。

在孩子鲜少犯错或从未犯过大错的情况下，父母可以主动为孩子创造犯错的机会。犯错的场景可以根据孩子的承受能力来决定。

3.父母不要替孩子承担错误。

顺境里的孩子鲜少能承担犯错的后果，有的父母会帮助孩子承担，而父母的承担又会令孩子感受不到自己在犯错。如此，孩子的内心怎么能变得强大呢？所以，在孩子犯错的时候，父母不要替孩子承担后果，应该将孩子置于逆境之中，让他们切身感受犯错的后果。让孩子为自己的行为负责，而非由父母负责，否则孩子会认为"我的行为不用我负责"，从而缺乏责任感和意志力。

4.在孩子犯错后，帮助孩子构建、区分，并帮助孩子与犯错后果建立关系。

只让孩子感受犯错是不行的，因为如果在犯错之中无法提升孩子的心理承受能力、意志力的话，那么就只是在犯错，而没有收获。父母需要在孩子犯错之后，为孩子提供正确的引导。譬如，在孩子犯错后，父母可以鼓励孩子，让他勇敢地承担犯错的结果。这个过程，其实也是提升孩子勇气、担当的过程。孩子犯错，家长要在孩子的心中建立一个区分：在事件中，可以取得结果，也可以在过程中学习，以建立孩子与结果的关系。

犯错并不可怕，相反，适当地犯错对孩子来说还是一种自我潜能的突破，在之后遇到逆境时更坦然。父母能正确看待孩子的犯错行为，孩子才能在犯错中进步。

## 允许孩子犯错并带他分析原因

在生活中，有不少父母在面对孩子的犯错行为时，采取的是零容忍的教育手段，即对孩子严厉训斥，勒令孩子不许再犯。这部分不允许孩子犯错的父母，可能是因为他们过于苛求，希望孩子成为一个完美的人。

然而，不允许孩子犯错，真的能让孩子变得更优秀吗？当然不能。不允许孩子犯错，不仅不会让孩子变优秀，反而可能会让孩子变得很糟糕。

首先，孩子会缺乏自信，变得自卑。父母在孩子犯错时立即严厉训斥，会令孩子觉得自己什么都干不好。这种自我否定会令孩子渐渐失去自信，变得自卑。在未来与他人相处或是做事情时，会畏畏缩缩，习得性无助。

其次，孩子的受挫能力差。父母不允许孩子犯错，或是在孩子犯错时严厉训斥，会令孩子越来越畏惧犯错。长久以往，孩子的受挫能力将越来越差。孩子会变得不敢冒险，只待在自己的舒适圈，不能很快地适应陌生环境，应变能力也不能得到提升。然而，在孩子的成长过程中，一定会遇到无数的挫折，缺少了受挫能力，无疑会将孩子拉入深渊。

父母可以想一想，自己在小的时候或者年轻的时候，在生活中或者在职场中，会不会犯错呢？在犯错的时候，面对家人的指责和领导的训斥，内心又是怎样的感受呢？换位思考一下，当犯错的孩子遭受到父母的训斥时，他们的内心也会更加受伤。

如果父母不能保证自己不犯错，又怎么能苛刻地要求孩子不犯错呢？

为了孩子的健康成长，父母要允许孩子犯错。但是需要注意，在孩子犯错的时候，要引导孩子明白：为什么会犯错，究竟错在哪儿了？如果重来一次会怎样？在这个事件中忽略了什么？少做了什么？多做了什么？在哪些地方自以为是了？如果孩子能在错误之中总结经验和教训，那么孩子犯下的错误就是有价值的，是一次自我成长。

在"心智力育成——内在秩序构建"训练营中，一位爸爸分享了他的经历。

这年，一家四口回爸爸的老家过年。老家养了一群小鸭子，毛茸茸、黄澄澄的，走路一摇一摆，非常可爱，女儿和儿子都很喜欢。除了吃饭和睡觉，都和小鸭子黏在一起。

那天，爸爸妈妈去拜访一位亲戚，孩子的外公外婆在家准备午饭，孩子们则依旧跑去和小鸭子玩。中午快吃饭的时候，爸爸妈妈回来了，外婆一边喊孩子们来吃饭，一边将小鸭子赶到围栏里。每次外婆将小鸭子赶回围栏里，都会数一数数量。今天数的时候，却发现少了一只。

爸爸妈妈听说后也帮忙找，但是一直都没有发现那只小鸭子在哪儿。因为两个孩子一直在跟小鸭子玩，于是爸爸问他们知不知道小鸭子去哪儿了。

女儿低着头不说话，儿子支支吾吾地说他知道小鸭子在哪儿。后来儿子告诉爸爸妈妈，他看到一只老鼠把小鸭子拖进了老鼠洞。紧接着，儿子还带爸爸妈妈去了那个老鼠洞附近。爸爸低头往洞里看，果然有一只死去的小鸭子。爸爸将小鸭子拿了出来，却发现小鸭子身体有一部分扁扁的，一看就不是被老鼠咬死的，反而像是被什么压死的。

爸爸回过头再看女儿和儿子心虚的表情，知道两个孩子肯定说谎了。爸爸并没有急着训斥孩子，而是安慰他们说："爸爸已经知道小鸭子不是被老鼠咬死的了。爸爸允许你们犯错，但要主动承认错误，并且反思自己哪里错了。现在，爸爸再给你们一次机会，告诉我小鸭子到底是怎么死的？"

儿子告诉爸爸，他在追赶小鸭子的时候，不小心弄倒了板凳，板凳倒下来砸死了一只小鸭子。他担心被骂，就将小鸭子放进老鼠洞里。他反思说，自己不该说谎。女儿则告诉爸爸，她错在知道真相还帮弟弟说谎隐瞒。

图 18　允许孩子犯错

两个孩子承认错误的态度令爸爸很欣慰。只有知道自己错在哪儿了，才能改正。孩子们只有正确面对错误，才会真正成长，逐渐实现独立自主。

孩子的成长过程，其实也是一个探索的过程。在他们的探索过程中，必然会出现很多的错误。也因为这些错误，他们才能蜕变得更优秀。父母要允许孩子犯错，并在孩子犯错的时候有足够的宽容和耐心，引导孩子思考为什么错了，如何改正，这样才能提升孩子的自控力，减少犯错的概率。

在允许孩子犯错这件事上，李贺老师有以下几点建议：

1.戒掉"不许""不准"，放手让孩子做。

因为孩子年龄小，很多事情可能会做不好，所以很多父母不让孩子尝试，会主动帮助孩子做。当孩子想要尝试的时候，就会说"不许""不准"等否定词。在这样的情况下，孩子如何能犯错呢？又如何能从犯错中提升自己呢？

既然让孩子犯错是有好处的事情，那么就不能将"不许""不准"等否定词挂在嘴边，应该放手让孩子做。父母放手，孩子才会不畏犯错，勇于面对错误。

2.理性对待孩子犯错的行为。

俗话说："人非圣贤，孰能无过。"连圣贤也会犯错。所以，孩子会犯错是一件再正常不过的事了。然而，很多父母在孩子犯错时，都表现得很烦躁，会不理性地教育孩子。父母需要明白，在犯错的时候，孩子也可以学到很多东西。父母应该多给孩子一点儿耐心和鼓励让他们去尝试。孩子犯下错误时，也需要理性对待。父母的理性对待会让孩子不再为自己的错误惶恐，也会令孩子理性思考自己究竟错在哪儿。

3.引导孩子自省，思考自己错在哪里。

在做错数学题的时候，参照正确答案看看自己错在哪里，下一次遇到相同的题型时，才不会出错。孩子犯错这件事其实和做题一样，自省犯下的错，梳理自己错在哪里，下一次才会避免犯同样的错误。孩子由此便能学会独立思考，学会分析可行性和正确性，减少犯错的概率。

"金无足赤，人无完人"，父母自己都做不到十全十美，也不能要求孩子做到十全十美。允许孩子犯错，理性对待孩子的错误，才是父母应该做的。

## 学会调整情绪

很多父母在面对孩子犯下的错误时，会特别生气，甚至控制不住自己的情绪，会大声训斥，甚至使用武力！然而，作为父母，在为孩子的犯错行为感到愤怒时，可曾想过犯错后，孩子的情绪如何？父母的消极情绪是否会对孩子造成不好的影响？

对于鲜少犯错的孩子来说，当他们犯错后，通常有以下几种情绪：

第一种，恐惧情绪。对孩子来说，犯错的后果是挫折，是坎坷。面对坎坷，孩子会本能地心生恐惧。当孩子认为父母会因为自己犯错而非常生气时，他们也会恐惧来自父母的训斥。

第二种，沮丧情绪。很多时候，孩子做某些事情时，是怀着期待的心情做的，但是没想到好事办成了坏事，这无疑会令孩子感到沮丧。譬如，孩子想要打扫卫生减轻妈妈的压力，结果不小心打碎了花瓶，孩子肯定会为自己的毛手毛脚懊恼，为自己犯下的错误沮丧。

第三种，自卑情绪。通常来说，鲜少犯错的孩子在面对自己的错误时，内心是非常难过的。如果这个时候父母还大声训斥、批评，会令孩子更加质疑自己，渐渐变得自卑。

第四种，着急情绪。孩子也想把事情做好，发现自己没做好的时候，孩子的内心会有着急的情绪。尤其当一件事情孩子已经做了很长时间，最后却发现做错了的时候，心里会非常着急和难受。

由此可见，在孩子犯错时，其情绪变化比父母的情绪要复杂得多。所以，在孩子犯错的时候，父母不能将所有注意力都投注在孩子犯下的错误上，也要关注孩子的情绪变化。当发现孩子的情绪十分消极时，父母需要引导他们调整情绪，进行自我情绪管理，接受犯错的自然结果。

爱在我家训练营的一位家长曾分享他们家的经历。

爸爸很喜欢植物，尤其喜欢多肉。有一回，他买回了两盆品相极好的多肉，花了大量的心思照顾它们，这两盆多肉也越长越喜人。

不久前，爸爸要去外地出差一周左右的时间，在临行前，爸爸给他的多肉浇了足够的水，并反复叮嘱孩子们，可以观赏他的多肉，但不要碰它们，更不要浇水。孩子们也连连保证不会碰。

爸爸出差了。女儿很听爸爸的话，甚至都不会多看一眼。但是儿子在上学前和放学回家后，都会去看多肉，妈妈见他每次只是看看，便也没有过多关注了。

一个星期后，爸爸回家了。他的第一件事就是去看他的多肉，但是看到后仿佛晴天霹雳一般，因为他的多肉长势萎靡，快不行了。爸爸查看了情况，是因为浇水太多，根系腐烂了。妈妈听后很不解，因为在爸爸出差的这一周时间里，根本没有给多肉浇水。于是爸爸问了两个孩子，女儿也说自己没有浇水，儿子低着头小声说他浇水了。

爸爸严肃地质问儿子为什么给多肉浇那么多水，自己走之前明明跟他们说好了。儿子沮丧地告诉爸爸,他想让多肉长得更好,这样爸爸回来看到就会更高兴。结果好心办了坏事。

儿子的回答让爸爸的怒火稍减,他明白,儿子是想让他开心才好心办坏事的。虽然爸爸很难过,但是没有再教训儿子了。不过,儿子却因为自己的错误陷入深深的自责。他突然开始变得少言寡语,也不爱笑了,看到爸爸的时候总是低着头。爸爸意识到,儿子的情绪受到犯错的影响,已经变得消极。

当爸爸观察到儿子的情绪变化后,便和儿子做了一次深度的交谈。爸爸告诉儿子事情已经过去了,爸爸不生气了,也不再怪他,不要将注意力一直放在过去,事情已经发生了,就要接受随之而来的结果。现在要想的是如何补救以及从中得到什么经验教训。然后爸爸开始带着儿子对多肉展开补救行动,在这个过程中,儿子也逐渐从消极情绪中走了出来。

图 19  帮助犯错的孩子调整情绪

孩子因为自己的错误而情绪消极，说明他是一个很有责任感的人。父母不能再严厉地对其训斥、责骂。因为，他已经知道自己错在哪儿了。在看到孩子因为犯错而变得情绪消极时，父母应该及时引导孩子调整情绪，接受自己的犯错行为，并勇敢面对犯错的结果。

在调节孩子的情绪上，李贺老师有以下几点建议：

1.用平静的心态和孩子交流。

情绪是很神奇的，人的情绪可以互相影响。譬如，当一个人听到有人悲伤地诉说某件事时，自己的心情也会不知不觉地变得沮丧、低落。所以，当孩子犯错时，父母向孩子展现出来的情绪，也会影响孩子的情绪。

在孩子犯错时，不要急着问责，应该先控制自己的情绪，因为家长的情绪会影响孩子的情绪走向。理性地对待孩子的错误，用平静的心态与孩子交流。

2.帮助孩子宣泄消极情绪。

很多孩子在犯错后，即使父母不责怪，孩子自己也会责怪自己，如果孩子走不出这种消极情绪，将不利于他们的心理健康。父母在孩子犯错后，应该及时地观察他们的情绪，当发现他们负面的情绪过多时，要帮助他们及时宣泄。宣泄的方式，可以是倾听他内心的烦恼、带他来一场大汗淋漓的运动等。有效地帮助孩子发泄消极情绪，让孩子的情绪得到合理发泄，孩子就能进一步学会管理情绪、控制情绪。

3.引导孩子与结果建立健康关系。

结果不能用来数落与指责。对于一件事，可以取得结果，也可以从中学习，孩子有这样的心态才能与结果建立健康良性的关系，不会害怕失败，也能从容面对失败。

### 让孩子独立改正错误

很多父母视错误为毒瘤，甚至一些父母期望所有的不好都降临在自己身上，孩子要一帆风顺；也有部分家长认为，孩子在犯了很多错误后，就会变得不优秀。其实，这样的想法是有偏差的。如果孩子敢于面对，勇于改正，错误反而会让孩子变得更加优秀。所以，如果孩子能够在犯错后改正，就不需要畏惧孩子犯错。

父母需要注意的是，孩子如何面对自己的错误，又是怎么改正错误的。

孩子改正错误大概分为两种情况，一种是被动改正错误，一种是主动改正错误。被动改正错误是指孩子意识不到自己犯错，需要父母的帮助才能改正错误；主动改正错误是指孩子主动意识到自己犯错，且独立改正错误。

虽然两种情况都达到了改正错误的目的，但是产生的效果和影响十分不同。被动改正错误需要他人的帮忙，一旦没有人指引，就会在"错误的沼泽"中越陷越深。如果孩子犯错后总是需要借助父母的帮助才能约束和改正，孩子的自律能力就会变得越来越差，继而无法积极自主地学习、做事，甚至还会频频犯相同的错。

孩子不可能永远生活在父母身边，总有一天要独自前行，到那时候，不懂得主动改正错误的他们就会与优秀渐行渐远。而能够独立改正错误的孩子，即使没有父母的陪伴，靠自己也可以变得越来越优秀。

想让孩子越来越优秀，父母就需要培养孩子的独立性，让他们养成独立改正错误的习惯，在犯错后主动思考和反省，勇敢地承担责任，这样孩子在面对逆境时也会更加从容。

爱在我家训练营的一对父母分享了他们的经历。

伟伟小时候有一个特别不好的习惯：喜欢在家里乱翻。只要看到感兴趣的，不管是什么都拿来玩。他在家里最爱翻的地方就是书房。书房里不仅有许多书籍，还有爸爸工作的资料或文件。

有一回，妈妈在厨房做午餐，伟伟想画画，妈妈就让他在涂鸦绘本上画。他涂了一会儿色就失去了兴趣，想找一张白纸自由创作。伟伟趁妈妈在厨房忙，悄悄进入了书房。

爸爸前一天晚上熬夜赶工作，打印出来的文件就随手放在桌子上。这份文件没有装订，其中绝大多数纸张仅一面有文字，另外一面空白。伟伟将那些一面空白的纸张全都挑了出来，拿到自己的小书桌上开始涂涂画画。

妈妈将午饭准备好后，就让伟伟去卧室叫醒还在补觉的爸爸。伟伟进卧室的时候，手上还拿着他的"画纸"，他本想要给爸爸看看他的画，没想到，爸爸看了他的"画纸"，不仅没有夸奖他，反而崩溃地大叫了一声！

中午的饭桌上，爸爸缺席了，因为爸爸的文件下午就要用，所以他不得不抓紧时间再打印一份。伟伟也因为爸爸着急赶工而逃过一顿训斥。

伟伟见爸爸不来吃饭，还疑惑地问妈妈怎么回事。妈妈告诉伟伟，他拿来画画的纸是爸爸工作要用到的文件，现在被画得乱七八糟，已经不能用了，只能重新做。

伟伟虽然年纪小，但是也意识到是因为自己犯错，害得爸爸没有时间吃饭。令妈妈感到意外的是，在爸爸下午下班回家后，伟伟主动走到爸爸的面前，承认了他今天的错误，并保证以后再也不去书房乱翻东西了。伟伟说到做到，果然没有再犯过。

**图 20　教孩子独立改正错误**

其实，妈妈曾告诉过伟伟很多次，不要在书房乱翻东西。伟伟每次弄坏了书房里的东西，虽然在妈妈的训斥和引导下，保证说不再犯，然而，一段时间后，他便将保证抛在脑后了。

这是因为孩子改正错误的过程是被动的，是不独立的。妈妈只是让孩子被动地改变行为，孩子并没有意识到自己的错误，又怎么能有意识彻底改正呢？这就像走雷区，如果孩子每次都在父母的帮助下走过雷区，永远都记不住地雷埋在了哪儿，所以每走一次，都有可能会踩到雷。因此，让孩子主动意识到错误，学会自己改正，才是改正错误的关键所在。

在培养孩子养成独立改正错误的习惯上，李贺老师有以下几点建议：

1.提升孩子辨别是非的能力。

能意识到自己的错误,其实就是能认知自己在某件事上做得不好。能否正确认知自己的能力,与孩子辨别是非的能力息息相关。当孩子辨别是非的能力很强时,就能意识到自己错在哪儿。反之,则意识不到。父母想要孩子主动认识自己的错误并主动改正,就要先培养他们辨别是非的能力。如何提升辨别是非的能力呢?关键在于帮助孩子建立核心价值观,即树立正确的三观。

2.养成孩子自我反思的习惯。

不只是孩子,即使是成年人在犯错后,可能也不能立即意识到自己错在哪儿。在事后回想的时候,才可能发现自己的错误之处。实际上,回想的过程就是自我反思的过程。自我反思就像是一个漏洞提示器,反思越深入,就会察觉到越多的漏洞。父母想要养成孩子独立改正错误的习惯,要先培养他们自我反思的习惯。让孩子习惯从结果中反思,从行动中复盘,逐渐拥有自我反思的能力。

3.培养孩子的独立性。

在孩子意识并改正错误的过程中,如果父母总是帮助他们,会令孩子产生依赖性。长此以往,孩子就不会主动自我反省了。只有孩子有了独立性,才能独立改正错误。父母要多多培养孩子的独立性,孩子有能力解决自己制造的问题时,一定要让孩子自己解决。

父母帮助孩子改正错误只是一时之计,孩子能够独立改正错误才是长久之计。在孩子犯错时,父母不要立即指出孩子的错误之处,并告诉孩子如何改正,而是应该引导孩子自我认知错误,然后独立改正。

## 引导孩子勇于认错

有这样一个关于"犯错抵赖"的故事：

主人公是一个爱漂亮的小女孩，有一回，她在家中玩耍时，不小心碰倒了妈妈最爱的花瓶。花瓶摔到地上，"啪"的一声，碎片散落一地。

小女孩害怕极了，怕妈妈回来会训斥她。正当她想着该如何是好时，窝在她脚边的小花猫"喵"了一声。她心里立即有了主意，她打算让小花猫替她"背锅"。

妈妈回来的时候，看到碎裂一地的花瓶，问小女孩是谁打碎的。小女孩说是小猫打碎的。小女孩见妈妈责怪小花猫，并没有怀疑她，心里乐不可支，她没有为自己的过错以及推卸责任而感到羞愧，反而为自己抵赖没被发现感到扬扬得意。

没过几天，小女孩在玩妈妈口红的时候，不小心将口红弄断了。小女孩想也不想，再次将错误推到小花猫身上。但这次妈妈并没有相信小女孩的话，反而批评小女孩是一个犯错不敢承认的孩子。

小女孩抱着侥幸心理继续抵赖，妈妈只好用证据揭穿她。妈妈说，小花猫没有手，既不能打开放口红的抽屉，也不能扭开口红，更重要的是，小女孩的嘴巴上、衣服上还有口红的印子呢。

小女孩看看衣服上的口红印，再看看放口红的抽屉，意识到自己的谎言被拆穿了。

故事的最后，小女孩承认是自己弄坏了东西，也意识到抵赖和将错误推卸给小猫是不对的。

从这则故事中不难看出，小女孩不愿意承认错误，是因为她怀揣侥幸心理。在现实生活中，孩子也会因为侥幸心理而不愿承认错误。

对于孩子的侥幸心理，有时候，父母看破不说破，觉得孩子犯的错无关紧要，放任孩子狡辩。有时候，父母是真的没发现孩子编织的谎言。但只要没有被揭穿，就会助长孩子的侥幸心理，也会让孩子不愿承认错误的行为发展成习惯，甚至因此染上很多坏毛病。

孩子会遇事逃避。很多时候，犯错的后果是不好的，除了要承担他人的批评，还需要承担之后的责任。抵赖可能会让孩子逃脱所要面对的后果，只要成功一次，孩子就会一直这么做。当孩子认为逃避错误的好处大于承认错误的好处时，就会本能地逃避。

孩子会爱说谎。孩子不愿意承认错误，甚至掩饰自己的错误，其本质是在说谎。一个谎言需要用无数个谎言来圆，渐渐地，孩子就会变得爱说谎，变成一个毫无诚信的人。

孩子会变得不负责任。一个人的责任感是从小培养起来的，逃避错误其实就是逃避责任。长此以往，孩子就会变得缺乏责任感，成为一个不负责任的人。不负责任的人的前途终将会暗淡无光、充满坎坷。

当遇事逃避、爱说谎、不负责任成为孩子在日常生活中的一种习惯时，想要纠正就需要耗费大量的时间和精力。父母一定要警醒孩子逃避错误的侥幸心理，培养孩子勇敢承认错误的好习惯。

在对待孩子犯错这件事上，家长应持有宽容的态度，宽容的前提是孩子可以勇敢面对，意识到行为带来的结果，并可以承担自己应该承担的责任。这样孩子才不容易怀揣侥幸心理，逃避错误。

在爱在我家训练营中，有一位家长分享了她孩子的经历。

她的女儿叫丫丫,有一回,丫丫在学校值日,她负责讲台附近的卫生。她在擦拭讲台的过程中,不小心将讲台上的粉笔盒碰倒,并摔落在地。粉笔全部摔出了粉笔盒,几乎每根都被摔成了好几节。虽然是件小事,但丫丫还是主动告诉老师,勇敢地向老师承认错误。

那天丫丫回家后,她告诉妈妈这件事,妈妈问她:"如果你不和老师说,老师或许不会发现。你为什么主动和老师说呢?"

丫丫回答说:"老师或许不会发现,但不是绝对不会发现。如果我不主动说,被老师发现了,老师可能就不会简单地说一句'下次小心一点儿'。而且,这件事本来就是我做错了,应该主动向老师承认错误。"

图21 教孩子勇于认错

丫丫的话令妈妈非常欣慰，妈妈也为她勇于承认错误的行为感到自豪。

如何才能消除孩子的侥幸心理，培养孩子勇敢认错的好习惯呢？李贺老师有以下几点建议：

1.不要让孩子认为"犯错=惩罚"。

当孩子犯错的时候，如果父母每次都惩罚孩子，就会让孩子建立"犯错=惩罚"的认知，使得孩子在犯错的时候，会因为害怕惩罚而萌生逃避的想法。如果孩子犯了错误，父母不能每一次都惩罚，而是应该区分孩子是否知道这是错的、是否是无意的、是不是已经认识到自己的错误了等几种情况。孩子犯错误，实际也是很好的学习机会。如果孩子在错误中得到成长，父母也不应该过分苛求，这样孩子才会不害怕承认错误。

父母不能在孩子的心中建立"犯错=训斥""犯错=批评""犯错=打骂"这样的意识，这些都令孩子害怕承认错误。

2.不能让孩子有侥幸心理。

在承认错误这件事情上，存有侥幸心理的孩子认为自己的错误不会被发现。实际上，根据著名的墨菲定律，越是期待不会发生的事，越有可能发生。真相能掩盖一时，却掩盖不了一世。父母要告诫孩子不能存在侥幸心理。如果孩子有心存侥幸的习惯，那么其内在力量与自尊就会被削弱，无法自控、自律。

3.培养孩子的责任感。

有责任的人从不畏惧承认错误，也敢于承担后果。想要孩子勇敢承认错误，可以先培养孩子的责任感。这种责任感也会大大增强孩子的内在力量，提升孩子自我管理意识以及自律性。

4.父母要给孩子做榜样。

在生活中，一些父母在犯了错误后，会在孩子面前表现出逃避、狡辩、抵赖,这是不好的示范作用,孩子也会有样学样。父母想让孩子勇敢承认错误,就要在孩子面前先做到敢于认错,给孩子做一个好榜样。

## 要在错误中学会成长

曾在公司附近的公交站台看到一对父子,父亲带着儿子等公交车,儿子起初坐在公交站台的长椅上,但等了许久公交车还不来,所以小男孩的耐心用尽了。

公交站台有一个很大的宣传栏,宣传栏里贴着一幅制作精美的宣传公益海报,是没有玻璃遮挡的。小男孩离开长椅,跑到海报前,先是站在中间歪着头打量海报,没一会儿,他就又失去兴趣了,跑到一边将注意力放在海报的一角。

海报是用胶水贴在宣传栏上的,经过风吹雨淋,四角不再牢牢地黏在宣传栏上,有一点点卷边。小男孩发现了好玩的事儿,他一点点抠着海报的角,没一会儿,海报卷起的边越来越大。之后,小男孩扯着卷边用力一撕,海报已经岌岌可危了。

小男孩的父亲发现小男孩的所作所为后,立即制止了小男孩,他严肃地告诉小男孩,宣传海报是公共设施,不可以破坏,问他知不知道错。小男孩低着头,承认了自己的错误。之后,这位父亲带着小男孩离开了。

让人意想不到的是,没过几分钟,父亲和小男孩又回来了。小男孩手里拿着一管胶水,在爸爸的指导下,重新将卷边的海报贴了回去。等小男孩做好后,父亲蹲在小男孩的面前表情严肃地说:"爸爸允许你犯错,但一定要承认错误,也要为自己的错误承担责任,并且下一次不会再犯。"

小男孩认真地点头,表示以后不会再犯。

这位父亲在孩子犯错后的教育方式令人欣赏。他允许孩子犯错,引导孩子在犯错中学会面对,并负起责任。

允许孩子犯错是不难理解的,因为犯错是孩子成长的一个过程,通过犯错,可以令他们积累经验,总结教训,并锻炼内心,是孩子人生中宝贵的财富。让孩子在犯错中成长,除了让孩子认知到错误、改正错误外,还要让孩子对自己的错误进行补救,这样完整的过程才是孩子在犯错中成长的过程。

很多时候,父母在对待孩子犯错这件事情上,注意力都放在让孩子认错或改正错误上,鲜少要求孩子为自己的错误做补救。其实,让孩子为自己的错误做补救,他才能更深刻地认识到自己的错,也会谨记教训,不会再犯。

人的一生会犯下无数错误,如果能从小引导孩子"正确犯错",可以帮助孩子迅速成长。

在爱在我家"父母修为"训练营的一个家长分享了她的经历。

有一回,妈妈带儿子晓东去亲子乐园玩,同行的还有她的闺蜜和闺蜜的孩子。他们将项目玩得差不多后,两个妈妈已经累得不行,便想找一块草地坐下来休息。但两个孩子依然精力充沛,于是两个妈妈给孩子们买了泡泡水,让他们继续玩,自己坐在草地上聊天。

过了一会儿,晓东兴冲冲地跑到妈妈面前,举着手里的泡泡枪,开心地给妈妈看。妈妈皱着眉头问他哪儿来的,因为自己根本没有给他买泡泡枪。晓东得意地告诉妈妈,是自己用泡泡水跟一个小弟弟换的。

妈妈在买泡泡水的时候特地看过,泡泡枪的价格是泡泡水的好几倍。晓东也知道自己的泡泡水没有泡泡枪贵。妈妈细问过后,知道了这把泡泡枪是晓东看着对方年纪小，通过哄骗的手段得来的。

妈妈告诉晓东，他的所作所为说好听点是"换"，说难听点是"骗"。这个时候，晓东也意识到自己犯了错，他承认错误说自己不应该哄骗小弟弟。妈妈告诉晓东，既然知道自己错了，就要进行补救，把泡泡枪还给小弟弟。

晓东点头说知道了，不过，等他回原地后，小弟弟已经不见了。晓东拉着妈妈走了好些地方，终于找到了小弟弟，他向小弟弟和小弟弟的妈妈道歉，也将手里的泡泡枪还给了对方。

对不起，我不应该用便宜的泡泡水跟你换贵的泡泡枪。

图22 让孩子在错误中成长

这件事让晓东意识到，哄骗他人是一种错误的行为，在犯了错误后，要及时补救。很显然，这件事让晓东得到了成长。

如何引导孩子在犯错中成长呢？对此，李贺老师有以下几点建议：

1.引导孩子将犯错当作一个学习的过程。

要让孩子在错误中寻找自己错在哪儿,如何改正,如何补救。这样,每一个错误都能令孩子得到成长,做到吃一堑,长一智。在孩子犯错时,父母要引导孩子将犯错当作一个学习的过程,让孩子总结错误,获得经验和教训。

2.引导孩子在犯错后勇敢承担责任。

孩子成长的重要标志之一就是懂得承担责任。在孩子犯错误时,父母不仅要引导孩子主动认错、改错,也要引导孩子对自己的错误实施补救,勇敢承担责任。孩子学会担当意味着他成长了。

任何事物都存在两面性,错误也是如此。只要父母善于引导,犯错也会成为孩子成长助力。所以,请允许孩子犯错吧!

## 第五章
### 陪孩子一起疗愈创伤后的危机情绪

想让孩子具备逆商，父母就需要尽早培养其管理情绪的能力，同时陪着孩子一起治愈心理创伤，一起走出负面情绪的泥潭。

当孩子成为情绪健康、稳定的人，面对失败、打击以及误解的时候，才能从容自如地与坏情绪告别，学会自信、自爱、自立。

## 不过分在意外界对孩子的评价

每个人的一生都会经历无数次失败,在面对失败的时候,每个人的内心都会是沮丧而难过的,孩子也不例外。成年人可以自主调解负面情绪,孩子则需要父母的帮助才能妥善处理负面情绪。

在帮助孩子走出失败的困扰前,父母需要知道是什么原因令孩子感到沮丧、难过。

失败的结局。孩子的好胜心很强,他们的内心无比渴望自己能成功。但是,幸运之神不可能永远眷顾孩子,他们总会面临失败。失败的落差感造成了孩子的伤心和难过。如果孩子的承受能力很差,甚至会因此一蹶不振。

外界的评价。孩子在做某件事时,如果失败了,那么其执行的过程必然是存在问题的。有的人会指出孩子不好的地方,希望孩子吃一堑,长一智,下一次能做好。也有一些人,只是对孩子的失败做一些负面评价,并没有建设性意见。孩子面临失败本就很难过,这些负面评价则是雪上加霜。

在以上原因中,外界评价是孩子最为在乎的。因为,外界评价是不受孩子控制的,能对孩子的心理造成直接伤害。外界评价为何会对孩子造成心理伤害呢?这是因为随着孩子的成长,他们经历了从"无律"到"他律"的阶段性转变。

从心理学的角度来说,"无律"是以自我为中心,表现为孩子以自己的利益为准,只在乎自己的想法和看法。随着成长,孩子会逐渐进入"他律"的阶段,即以他人为中心,表现为孩子极其在意他人的看法和评价。孩子的"他律"意识越强烈,他人的评价对其心理的影响就越大。如果孩子不能从"他律"转变为"自律",就没有办法得到能力的锻炼和提升,心理承受能力也无法得到成长。

不自信的孩子也会过分在意他人的评价。不自信会使孩子敏感多疑,哪怕他人的评价是中肯的,也会让他们觉得是在批评自己。

由此可见,失败不见得是孩子最大的敌人,他人的负面评价可能才是压垮孩子的最后一根稻草。父母要做孩子的心理解码器,在他们失败的时候,引导他们用正确的心态看待他人的评价,从"他律"转变为"自律",管理好自己的情绪、行为和内心。

在爱在我家的"赋能对话"训练营中,有一位家长分享了她的经历。

她的女儿叫菲菲,在菲菲读二年级时,学校举办校庆活动。老师们在各个班级选拔学生参加节目表演,菲菲被选中表演跳舞。

因为菲菲身材适中,长相可爱,被老师安排在第一排,还担当领舞的角色。菲菲为此非常自豪,每天都很用心地练习舞蹈。不过,练习了几天后,队形突然有了变动,老师将菲菲调到了最后一排,领舞的角色也安排给了另外一个小朋友。

菲菲很难过,她向老师表示,她很想领舞。但老师还是拒绝了,并说她的身体柔韧度不太好,练习了几天依旧很僵硬,而且常常跟不上节拍。

那天菲菲回家后,表现得闷闷不乐。妈妈问她为什么不开心,她忽然哭了起来,说了她被老师调到队伍后面的事。菲菲很悲观地跟妈妈说,老师将她调到后面,一定是因为不喜欢自己了,自己也不想再去跳舞了。妈妈等她停止了哭泣,才跟她说老师并不是不喜欢她。

当时，妈妈用自己在训练营学到的知识和菲菲说，老师是为了呈现更好的表演效果，才将她调到后排。妈妈还和菲菲说，每个人都有长处和短处，跳舞并不是她的强项，所以老师对她的评价是中肯的，又有什么难以接受的呢？

女孩：老师一定是不喜欢我，才不让我领舞，还把我调到最后一排的。

妈妈：跳舞不是你的长处，老师的评价也没有错，每个人都有自己的长处和短处，要接受自己存在的短处啊！

图23 让孩子不过分在意外界评价

在妈妈细心的区分引导下，菲菲接受了自己的失败与不足，对于老师的评价和安排，也选择了接受和理解。

胜败乃兵家常事，战场上没有永远的常胜将军。人生亦如战场，没有人能永远不失败。孩子的成长过程也是如此，在孩子失败的时候，不管是面对失败的结局，还是他人的评价，都需要父母的引导与区分，让孩子能坦然面对，并在结果中接纳、学习。

对于帮助孩子区分负面评价，陈老师有以下几点建议：

1.帮助孩子区分认知，看见不足。

当一个人格外在意他人评价时，或多或少有追求完美的心理。但是，没有人能够做到十全十美。父母想要让孩子失败时不那么在意他人的评价，就需要帮助孩子区分，让孩子认知到自己的不足。只有知道了自己的不足，当他人评价自己的不足之处时，才能坦然面对。

2.提升孩子的自信心。

孩子失败时，不管是好意的还是恶意的，不可避免会听到一些负面评价。如果孩子有足够的自信心，那么这些负面评价就会像云朵一般，轻轻飘走。反之，如果孩子缺乏自信心，那么这些负面评价就如同一座大山，压在孩子幼小的心灵上。在孩子成长的过程中，父母需要不断帮孩子引导区分，让孩子意识到"别人的评价不等于真实的我"，引导孩子区分别人评价时所用的标准、评价时所站的角度，区分别人的评价与事实真相的关系，教会孩子站在另一个角度反思。在日常生活中，父母要注重提升孩子的自信心，孩子有了自信心才能无坚不摧。

3.引导孩子正确看待失败。

任何事物都有两面性，失败也如此。失败后虽然会面临不好的结局，但是也能让人得出经验，总结教训，使人进步。父母要引导孩子正确看待失败，不要让孩子认为失败只有弊端，没有好处。父母带孩子区分，只要没有停止行动，失败就并没有真正产生，很多时候眼前的失败是未来成功的一个过程，孩子学会正确看待失败，就会对他人不好的评价不那么在乎了。

我们不能控制别人说什么，只有孩子具备一颗强大的内心，才能无惧失败，无惧评价。不怕被人评价的孩子可以更独立，更不受环境的干扰，可以完成从"无律"到"他律"到"自律"的转变，在追求目标的路上也会更加坚定。

## 父母的大力支持很重要

李贺老师曾带孩子观看电影《纳尼亚传奇》。这是一部带有奇幻冒险色彩的电影,讲述在二战时期,四个孩子为了避难来到一位老教授家里,他们通过老教授家里神秘的衣橱进入了一个名为"纳尼亚"的奇幻世界,并在这个世界经历了一连串冒险的故事。

这部电影中,令李贺老师感触颇深的是孩子中年龄排行第三的艾德蒙。艾德蒙在初入纳尼亚世界时,碰到了邪恶的白女巫。起初,白女巫对艾德蒙非常好,给他变爱吃的糖果。后来,白女巫囚禁了艾德蒙,艾德蒙因此对白女巫和她的手下产生了畏惧。

艾德蒙被救出去后,依然摆脱不了内心对白女巫的恐惧,在其他兄弟姐妹为信仰与白女巫及手下战斗时,艾德蒙却退缩了。但是,艾德蒙的内心实际是非常痛恨白女巫和她的手下的。后来,在兄弟姐妹和狮王的大力支持下,他终于能遵从本心,勇敢握起利剑,向邪恶的白女巫发起决战。

艾德蒙这个人物,让李贺老师联想到孩子。在日常生活中,有的孩子明明有不错的想法或是对某件事很感兴趣,但是因为有过类似失败的经历,内心就会产生恐惧,迟迟不敢再次踏出第一步。也正因为如此,孩子失去了许多机会。

从心理学角度看,人在面对失败过的事情时,会本能地心生恐惧,因为担心第二次失败,这个时候对失败的恐惧感要远远高于第一次。不过,如果能得到最亲密、最重要的人的支持，那么恐惧感会消散大半。所以，当孩子面对曾经失败过的事情表现出脆弱时，作为他们最重要、最亲近的父母要给他们最大的支持。因为，父母的支持能够有效扼杀他们心中的脆弱因子，让孩子更加自信、自强和自爱。

志伟是一个游泳小健将，不过，在最初学习游泳的时候，他也曾有浓浓的恐惧感，是父母对他的大力支持，让他摆脱了恐惧。

在志伟5岁那年，妈妈带着他回了老家。老家的房子旁边有一个池塘，志伟在和其他小朋友玩耍的时候，不小心掉进了池塘。对于大人来说，池塘里的水并不深，但对5岁的志伟来说，水的高度足以将他淹没。好在几个和他玩耍的孩子很机灵，立即找来了大人，将他从池塘里捞了出来。

这次落水令志伟产生了心理阴影，每次志伟洗澡时，如果被水呛了，一定会哭闹着说不洗了；看到小河就躲得远远的；不管怎么劝说，都不愿去游泳池。一直到7岁那年，他向爸爸妈妈表示，他也想学习游泳。

志伟向爸爸妈妈说完自己想学游泳的想法后，立即后悔了，他仿佛回想起之前落水的经历，脸上露出既脆弱又恐惧的神情。为了帮孩子克服内心的恐惧，爸爸妈妈给了他最大的支持。

支持分为两个部分：一部分是言语上的支持，一部分是行动上的支持。在言语上，他们告诉志伟，只有学会游泳才能不害怕水，也不用担心溺水；在行动上，妈妈帮助志伟报了游泳学习班，里面有好几个志伟的同学，跟熟悉的人在一起，志伟在学习游泳的时候就不会那么紧张了，爸爸妈妈还给他买了他心仪已久的护目镜。这些都让志伟更有学游泳的动力。

在父母的支持下，志伟勇敢地去参加了游泳学习班，从一只旱鸭子蜕变成了一个游泳小健将。

图 24　鼓励孩子克服困难

每一次失败就像一座山,只有越过山,才能看到更广阔的风景,如果不能越过,就只能在山坳徘徊。失败是人之常情,但失败不是阻碍前行的理由。所以,当孩子因为曾经的失败而胆怯,而不敢尝试时,父母要给予孩子支持,帮助他们走出名为"脆弱"的围城,让他们学会爱自己,挑战自己。

该如何支持孩子才能帮助他们扼杀内心的脆弱因子呢?李贺老师有以下几点建议:

1.在孩子失败时,多给予孩子鼓励。

当孩子失败的时候,父母一味地指责,只会令孩子对失败和失败的事心生恐惧,使得孩子不敢再尝试同类别的事。

父母必须明白,孩子失败的时候,他们内心已经很难过了,而父母的指责则会让他们更加难过。他们最需要的不是父母的指责,而是父母的鼓励。同时看见孩子即使失败,也有做到的部分,对孩子赋能与鼓励会让孩子重建信心,不畏惧失败,不畏惧再次尝试。

2.不要对孩子吝啬说"你能行"。

在孩子尝试某件令他胆怯的事时,内心是极其渴望父母的鼓励的。父母鼓励的话语对于孩子来说是有魔力的,能够帮助孩子驱散眼前的黑暗。所以,不管孩子是尝试新的事物,还是尝试曾经失败过的事,父母都要不吝啬对孩子说"你能行""你可以"。

3.用实际行动来支持孩子。

用言语支持孩子的确能起到激励作用,但用实际行动支持孩子效果更好。当孩子看到父母用行动支持自己时,才能真真切切感受到父母的支持。

4.告诉孩子,父母是他们强有力的后盾。

孩子不敢尝试,可能是因为害怕失败后的结局是自己无法承受的。所以,父母需要告诉孩子,不要畏惧尝试,失败了也没关系,因为父母是他们强有力的后盾。孩子知道父母支持自己,就不会那么畏惧前行了。

著名心理学家马丁·塞利格曼曾经说过:"孩子要想成功,必须先学会接受失败,在感觉到痛苦后,通过不断的努力,才能成功,这其中的每一个过程都不能回避。"所以,在孩子害怕面对失败和失败过后的事情时,父母要给予孩子大力支持,通过支持帮助孩子克服内心的脆弱,摒弃自我怀疑和自我厌弃,成长为独立、自信、自爱的人。

## 挫折中的孩子需要鼓励

孩子在成长过程中会遇到无数挫折。其面对挫折时呈现出来的态度主要有两种：一种是勇敢面对挫折，一种是选择逃避。是什么原因让孩子呈现出两种截然不同的态度呢？针对这个问题，有教育学专家进行了相关研究，发现主要原因在于孩子的思维模式不同。

在研究这个课题时，教育学专家挑选了很多10岁左右的孩子，并给这些孩子安排了一些比较困难的任务。经过一段时间的观察，专家发现，孩子在面对困难时有两种不同的反应。

一部分孩子面对困难时，态度很消极，认为这些问题像天大的灾难。在解决问题的过程中，他们只关注结果，不关注过程。一旦结果是不好的，就会使他们对自己的才智产生质疑。

另外一部分孩子的态度则截然相反，他们面对难题时乐观积极，并认为在解决问题的过程中，自己各方面能力都能得到提升，而不是只关注结果。

研究人员还检测了这两部分孩子在面对难题时的脑电波活动趋势，分析结果后发现，态度消极的孩子在面对难题时，脑电波几乎没有活动，由此可以看出孩子选择逃避；态度积极的孩子在面对难题时，脑电波高度活跃，由此可以看出他们敢于面对难题，并将思考难题的过程当成一种享受。

教育学专家将态度消极的孩子的思维称为固定型思维，将态度积极的孩子的思维称为成长型思维。

在成长的过程中，显然成长型思维能够帮助孩子变得更优秀。那么，固定型思维可以逆转为成长型思维吗？答案是可以。只要在孩子面对挫折时，多多给予孩子鼓励，帮助他们勇于面对困难。

在孩子遭受挫折的时候，他们的内心是沮丧的，一旦挫折超出了他们的承受度，就会产生逃避、退缩的想法。这个时候，就需要有人在他们的背后推一把，父母鼓励的话语是孩子直击挫折的原动力。当孩子提升了逆商，克服了挫折与困难，这种喜悦会令他们喜欢上克服挫折的过程，克服困难的过程就是孩子形成成长型思维模式的过程。当孩子拥有成长型思维，会变得更独立、自由、有责任感。

在爱在我家训练营中有一位家长分享了她的经历。

她的女儿叫倩倩，倩倩小时候特别好动，为了培养孩子的耐心，每天吃过晚饭后，妈妈都会陪她搭一个小时积木。妈妈会事先搭一些相对复杂的积木供她参考，倩倩可以按照妈妈的样式搭。

在搭积木的过程中，如果倩倩能一眼看出用什么样式的积木、搭在哪儿，她就会很高兴。如果碰到困难，无从下手，倩倩就会跟妈妈说她不想搭了，表情也充满了对搭建积木的抗拒。她的这种思维模式，是典型的固定型思维模式。

当倩倩想放弃的时候，妈妈就会安抚倩倩的情绪，并鼓励她。妈妈告诉倩倩，只要细心观察，就一定能成功。在妈妈"你可以""你能行""你很棒"等鼓励的话语下，倩倩又重拾搭建积木的信心。随着她的思维不断进步，难题也一个接着一个被解决了。每每解决了难题时，她都会很开心，并且成就感十足。

图25 鼓励挫折中的孩子

在搭建一段时间的积木后,妈妈发现她还会在自己搭建的积木模型的基础上进行创新,在遇到其他难题的时候,不用妈妈鼓励,也会不断思考解决的方法。不仅培养了孩子的耐心,还让孩子拥有了成长型思维。通过搭建积木,倩倩的思维不断进步,并不断体验成功的快乐。

孩子的思维模式并不是一成不变的,通过正确的方法,也能让他拥有成长型思维模式。

如何培养孩子的成长性思维?陈老师有以下几点建议:

1.引导孩子学会享受过程。

正如先前所说,固定型思维模式的孩子注重结果,成长型思维模式的孩子注重过程。在培养孩子成长型思维时,父母要引导孩子学会享受克服挫折的过程。可以引导孩子将大挫折分为数个小难点,一个一个攻破,这样孩子就更能获得"赢"的体验,逐渐告诉自己形成"我能行""我可以"的认识,更有成就感,成就感会使孩子将克服困难的过程当成一种享受。

2.有技巧地为孩子赋能。

在孩子心中,父母的赋能是对他们的一种肯定,会让他们更有动力和勇气面对挫折。在孩子遭遇挫折时,父母一定为孩子赋能。需要注意的是,赋能要有技巧性,具体表现为肯定孩子克服挫折的过程,焦点放在孩子做事过程中做到的部分,而非不断让孩子修改、纠正,譬如肯定孩子的努力或应对策略。父母对孩子克服挫折过程的肯定,其实就是在帮助孩子形成成长型思维模式。

3.给予孩子多样鼓励。

鼓励有助于孩子形成成长型思维模式,但父母的鼓励不能太单调,这会令孩子产生疲惫感。父母可以从言语、行动、物质等多方面来鼓励孩子。

著名心理学家马斯洛曾经说过:"挫折对于孩子来说未必是一件坏事,关键在于他们对待挫折的态度。"在孩子遭遇挫折时,父母要给予孩子鼓励,这样他们才能用积极的心态对待挫折,也有助于他们形成成长型思维模式。

4.根据孩子的信心指数设定不同的目标。

有的孩子自信力强,父母可以设定高一些的目标,有的孩子自信力不够,父母就要设定一些百分百可完成的小目标,让孩子形成"我能行""我可以"的认知。然后逐渐拔高目标,引导孩子与结果建立健康的关系。

5.引导孩子正确评价自己,不要给自己设限。

父母要引导孩子正确评价自己,不自视清高,不妄自菲薄,在挫折中思考、学习,自尊、自爱,实现成长。

## 父母是孩子最好的听众

情绪很神奇,它能够与人分享。分享不同的情绪,得到的回馈也不同。譬如,与他人分享内心的喜悦,当看到他人的笑颜时,自己内心的喜悦也会升级;当与他人分享内心的伤心、难过时,就会发现自己的负面情绪有所缓解。

孩子随着年龄的增长,对外界事物会越来越关注,这也意味着他们将遇到很多伤心和难过的事。当孩子流露出负面的情绪时,父母可以与孩子分享负面情绪,以此来疏导孩子。

那么,如何才能分享孩子的负面情绪呢?答案是做一名最好的听众。

我们不妨回忆一番自己伤心难过的时候，当我们将心中的郁闷、烦躁、困扰等说给最亲近的人听时，会发现一诉说完内心就会轻松一大截，最亲近的人的劝慰开导，也能让我们很快从伤心、难过中逃脱出来。可见，当伤心难过时，找一名聆听者是多么重要。

因此，当孩子伤心难过时，父母可以主动地做孩子的听众，帮助他们从低落的情绪中走出来。

有一天，一位妈妈打电话咨询说，她的女儿很伤心，眼睛里溢满泪水地对妈妈说她不想去学校了，妈妈劝导了很长时间也没用，孩子还是一直哭，说不想去学校。

妈妈不知道怎么办，于是打电话求助陈老师，陈老师告诉妈妈，不要再对孩子说"不可以不去上学"，也不要再讲大道理。因为妈妈已经说了一大堆道理，结果根本行不通。陈老师建议这位妈妈认真感受孩子的情绪，耐心探寻孩子不想去学校的原因，是不是在学校发生了什么。妈妈这样做之后，果然听到女儿说，她上课的时候因为不遵守纪律被老师批评了，她觉得很没有面子，说明天上学同学们肯定会笑话她的。

妈妈耐心地听女儿说完，对于孩子说的话也没有立即反驳，如果孩子说得对，她还会点头附和。令这位妈妈感到惊讶的是，当女儿倾诉完后，不一会儿，她脸上的伤心和难过的表情消失不见了，她还安慰自己，说如果有同学笑话她的话，她也拿同学的糗事笑话他们。

第二天，陈老师询问妈妈孩子的情况，妈妈说，自己认真倾听后，孩子的伤心、难过竟然真的消失不见了。因为这件事，妈妈也意识到，当孩子伤心难过的时候，父母如果能够感知孩子的情绪，感受孩子的感受，主动做孩子的听众，就能够有效治疗他们的心理情绪危机。

在现实生活中，有多少父母愿意当孩子的忠实听众呢？很多时候，父母都是以孩子很小说不出什么或是工作的繁忙为由，将孩子打发走，不给孩子倾诉的机会。这样的做法，无疑会加重孩子的负面情绪，长此以往，不利于孩子的心理发展。所以，为了让孩子健康成长，每一位父母都要学会做孩子的最佳听众。

父母如何才能成为孩子最好的听众呢？陈老师有以下几点建议：

1. 学会尊重孩子。

父母需要换位思考，当自己向他人诉说心中的难过时，他人表现得很敷衍、不耐烦，自己是不是会感觉到不被尊重，感觉内心的痛苦加重了？同样地，父母的敷衍了事、不耐烦也会令孩子产生同样的感受。

在与孩子相处的过程中，父母一定要学会尊重孩子，因为尊重孩子才会听孩子说，孩子也会觉得自己被认真对待。孩子的自尊和自爱也会被激发出来。

2. 在孩子诉说的过程中不要打断或反驳。

打断他人说话是一种不礼貌的行为，也会使说话的人感到不悦。虽然孩子年龄小，但是如果他们在倾诉时被父母打断，也会感到不愉快。所以，在孩子倾诉的过程中，父母只需要扮演一个聆听者的角色，专心听孩子说即可。

此外，孩子向父母倾诉时，必然会有无理取闹的话语。但是，父母不能急于反驳，因为这是孩子在宣泄内心的负面情绪。倘若父母贸然打断，就不能起到分享负面情绪的作用了。

3. 及时回应孩子话语中自己认同的观点。

在孩子倾诉的过程中，父母对其观点的回应，会令孩子产生认同感，而认同感有安抚孩子负面情绪的力量。因此，在孩子倾诉自己的观点时，父母可以附和。需要注意，我们附和的孩子的观点要真的有道理，如果孩子的观点没有道理，我们只需要听他们说完即可，切不可给孩子造成他们无理取闹父母也赞同的错觉。

4.在孩子说完后,给予孩子赋能和引导。

孩子向父母倾诉完伤心、难过的事情后,情绪会逐渐平复,这个时候,父母需要给予孩子赋能和引导,才能使孩子真正脱离负面情绪的泥潭。

父母成为孩子的最佳听众,除了能帮助孩子排解伤心难过外,还能通过听孩子的心里话,了解孩子的真实想法,这有利于父母正确地引导孩子对自己的情绪和行为进行自我管理。学会自我管理,孩子就可以相对容易地度过情绪危机。

## 教孩子学会坦然

一个纪录片记载了这样一个故事:

在一场地震中,一名年轻的女孩因为来不及逃脱,被压在了石块下。幸运的是,墙面倒塌的时候形成了一个小空间,让她能蜷缩其中,等待救援。不巧的是,她的一条腿被压在了沉重的石块下。

当女孩被救出时,她的小腿组织已经坏死,必须进行截肢手术。医生告诉女孩这个消息前,他一度认为女孩可能无法承受,因为女孩是一位舞蹈演员,非常喜爱跳舞。但令医生没有想到的是,女孩听完消息后,平静地点了点头,并主动和医生商讨起截肢的风险问题。

截肢手术很顺利,女孩术后恢复得也很好。在女孩出院的时候,医生忍不住问她为什么能如此坦然地接受截肢手术。女孩笑着说:"人本就无法阻止地震，况且，在这次地震中，有那么多人失去了生命，我仅仅是失去一条腿。能用一条腿换来生命，我还有什么不满足的呢？"

对普通人来说，失去一条腿无疑是一个巨大的打击，对喜爱跳舞的人来说，这个打击更可以被扩大无数倍。但在女孩身上，并没有这种悲观的状态，她表现出的是乐观与坚强，是面临苦难时的坦然。

女孩之所以能坦然面对截肢，是因为她明白这就是现实，并接受现实。首先自然灾难是不可控的，没有人能阻止自然灾难的降临；其次腿的坏死已经是既定事实，不接受截肢只会让她的情况更糟。坦然接受现实才是对自己最有利的。为了坦然接受现实，她还开始更多地寻找自己的幸运之处。

在现实生活中，没有人的一生是一帆风顺的，每个人都会遇到不如意的事。在孩子成长的过程中，也会遇到无数的挫折，经历很多失败。当败局已定，且无扭转的可能，那么是应该顺应自然坦然接受，还是与败局对峙呢？

如果选择与已定的败局对峙，那么就是一种自我折磨；如果选择坦然接受，那就是与情绪和解，也是对自己最有利的选择。

著名科学家塔克斯曾经说过，他可以面对任何灾难，只除了一样，就是眼睛瞎掉。然而，命运仿佛和他开了一个玩笑，在他花甲之年时，他患上了眼疾，并逐渐失去了光明。这令他难以承受，很长时间都处在痛苦之中。但是，他发现，他的不坦然不仅不能缓解眼疾，反而令眼疾越来越严重，他恍然悔悟，选择坦然接受现实。这之后，塔克斯曾感慨说："失去光明并不令人难过，难过的是你无法忍受失去光明。"

很多时候，孩子在遭遇挫折时，其实挫折本身并没有那么可怕，真正令他们感到可怕的是需要面临的败局。但是，如果败局已经不可避免，除了坦然接受外，别无他选。为了避免孩子在败局已成的事情上钻牛角尖，父母一定要引导孩子坦然地接受自己的失败。

爱在我家训练营的一位家长分享了她的经历。

她的女儿叫雅雅，雅雅很喜欢英语，在读五年级的时候，雅雅报名参加了市里为小学生举办的"我爱记单词"比赛。

在那段时间，雅雅很用功，放学后也不看动画片了，周末也不让爸爸妈妈带她去户外玩了。手里时刻拿着一本单词书，几乎把所有零碎时间都用来记单词了。她的努力也得到了回报，她的单词积累量在短时间内有了质的飞跃。

这次比赛的参赛选手由学校推荐，每个学校只有三个推荐名额，所以雅雅不只要与班级里的同学对决，还要与其他班级的获胜者对决，最终排名前三的学生才能参加市里的比赛。

雅雅一路过关斩将，最终成功被学校推选了。被推选后，她还需要参加初赛、复赛，留到最后，才能参加决赛。雅雅凭着过硬的单词功底，成功挺进决赛。但对手太厉害了，决赛第一轮她就被淘汰了，获得了第五名。

对于雅雅的成绩，妈妈是很满意的，因为雅雅的对手都比她年级高。但雅雅不能接受自己被淘汰的结局。雅雅告诉妈妈，如果再给她一点儿时间，她肯定能记起来赛场上考她的单词。她说这句话的时候神情很失落，眼睛里泛着泪光。

对此，妈妈引导雅雅要坦然接受自己被淘汰的事实。妈妈告诉她，赛场的规则是严格的、统一的，不可能单独给她延长思考的时间，这样对其他选手来说不公平。妈妈还告诉她，既然已经被淘汰了，后悔、难过、抱怨都没有用，负面的情绪并不能改变她已经被淘汰的事实。

妈妈鼓励雅雅勇敢面对现实，坦然接受自己的败局，争取在下一次比赛中能够脱颖而出。在妈妈的细心开导和鼓励下，雅雅不再执拗于自己失败的现实了，她选择坦然接受，重新起航。

图 26　让孩子学会坦然

父母怎么做才能让孩子学会坦然地接受败局呢？陈老师有以下几点建议：

1.适度培养孩子的胜负心。

孩子不能没有胜负心，没有胜负心，就可能失去前行的动力。但是，孩子也不能拥有过于强烈的胜负心，这会使得孩子爱钻牛角尖，面临败局很难承受或走不出来。在培养孩子胜负心上，父母一定要注意适度，谨记"水满则溢，月满则亏"的道理。

2.适当给孩子制造逆境。

长久处在顺境之中，会令孩子心灵脆弱，稍微遇到一点儿挫折，可能就难以承受，更别说面临失败的结局了。而处在逆境之中的孩子，能够越挫越勇，将败局当作自我前进的动力。父母不能总将孩子护在自己的羽翼之下，要给他们机会在逆境中飞翔。适当给孩子创造逆境，锻炼孩子的生活自理、独立能力，培养孩子适应逆境的能力和坚强的意志力。当有了一颗坚毅的心，又何惧败局呢？

3.及时疏导孩子的心理。

不只是孩子，即使是成年人在面对败局的时候，心里也会难受。不同的是，成年人可以进行自我疏导，孩子则会因为不懂自我心理疏导，执拗于结局。父母一定要及时帮助他们心理疏导。

4.用"重新起航"引导孩子接受败局。

与其沉溺于过去，不如放眼于未来。帮助孩子重新起航，能有效使孩子将注意力从败局上转移。在孩子失败的时候，父母可以引领孩子重新起航。渐渐地，他们就会忘却败局，也能在重新起航中重新建立面对挫折的能力。

## 理解孩子的委屈

每个人都受过委屈，委屈这种情绪的产生源于被误解、被不公平对待。作为父母，当孩子表现出委屈时，应该如何应对呢？

悠悠上幼儿园的时候，曾发生过这样一幕：

那天，幼儿园放学，很多家长来接孩子。一位家长接孩子的时候，发现孩子的书包鼓鼓的，打开一看，里面有一个很大的玩具。这个玩具并不是孩子从家里带来的，家长以为是孩子悄悄将学校里的玩具放进了书包，便当着老师、其他家长和小朋友的面训斥孩子。家长严肃地对孩子说："爸爸跟你说了很多遍，不要偷拿不属于自己的东西。你说，为什么要把学校里的玩具放进书包？"

孩子低着头，嘴里说着"我没拿"，可是家长不相信，非要孩子承认是他拿的。后来，在爸爸的咄咄逼人下，孩子一边哭，一边像一只发怒的小老虎，说他没拿。任谁都能看得出，孩子很委屈。

后来，幼儿园老师出来说，这个玩具不是孩子偷拿的，是另外一个小朋友认错书包，不小心放进孩子的书包里的。尽管误会解开了，但这位家长并没有向被他冤枉的孩子道歉。孩子也因为委屈而泪流不止。

在现实生活中，孩子受到了委屈，很多父母都选择息事宁人，不为孩子讨回公道；如果令孩子感到委屈的事情是自己做的，很多父母则会忽视孩子的委屈。父母需要明白，"委屈"是一种消极情绪，倘若一直积压在孩子的心里，会令孩子患上心理疾病。

当孩子长期受到委屈的困扰时，会变得敏感、自卑。因为孩子在受到委屈时，内心是希望父母能够理解他们的，并渴望得到父母的安抚。如果父母不理解他们的委屈，或是对他们的委屈置之不理，则会令孩子感到沮丧、失望，感觉父母不爱自己，当孩子对最亲近的人失去信任，就会蜷缩在自己的世界里，变得敏感而自卑，降低对自己的正面评价，甚至无法做到自爱。

当孩子变得敏感、自卑后，又会带来其他的不利影响，譬如会令孩子不敢表达自己的想法，会令孩子做事畏畏缩缩，会令孩子不懂得拒绝；等等。可见，委屈对孩子的心理造成的伤害是巨大的。

作为父母，不能对孩子的委屈采取漠视的态度，应该及时地关注孩子的委屈，并向孩子表达出对他们的委屈的理解。从一定程度上说，父母的理解能够有效地排解孩子内心的压抑与不忿，让孩子感觉自己并不孤独，并不是不值得被重视和不值得被爱的。同时，在化解孩子委屈的过程中，父母要教孩子学会独立思考和判断，教给他们自我调节情绪的方法，培养他们遇事冷静、从容的健康心态。

杰杰的妈妈曾分享，有一次杰杰回家时，几乎将"我很委屈"这几个字写在脸上。因为委屈，杰杰连作业都不想写，最喜欢看的动画片也没兴致看，甚至还蹂躏起他的小熊玩偶，将其当作发泄的对象。妈妈问他为什么不开心，杰杰告诉了妈妈缘由。

原来，这天是杰杰值日，他和其他三位同学完成值日准备回家时，班主任老师突然过来了。看到地面后，老师立马皱起眉头，因为一点儿也不干净。老师不仅批评了他们，让他们重扫，还罚他们连续值日三天。对于老师的批评和惩罚，杰杰感到特别委屈。因为，班级的地面被分为四组，他负责的那组很干净，为什么他也要受到批评和惩罚？

杰杰说完后，妈妈先是对他的委屈表示理解。在杰杰的情绪平复后，妈妈才跟杰杰说老师连他一同惩罚的原因。妈妈告诉他，他们是一个值日小组，要有集体感，不能有自己扫完、扫好就可以了的想法。在妈妈的引导下，杰杰想通了，也不再那么委屈了。

图 27　倾听孩子的声音

在调节孩子委屈的情绪上,陈老师有以下几点建议:

1.父母要主动感知、关注孩子的情绪。

因为孩子的性格不同,在遭受委屈的时候,有些会主动向父母倾诉,有些会憋在心里。就后者来说,对孩子的身心发展很不利。因此,父母要主动从孩子的言行举止等方面观察他们的情绪,当察觉到孩子很委屈时,需要及时帮助他们宣泄和排解。

2.在聆听孩子的委屈时,要表达出对他们的理解。

当孩子因遇到误解、不公平对待等事情而委屈时,他们很渴望父母能帮助自己讨回公道。即使父母不能帮助他们讨回公道,也希望父母能够理解他们。所以,在孩子诉说内心的委屈时,父母不能和孩子唱反调,应该表达出对他们的理解,如此才能有效缓解孩子因为委屈而产生的压抑和不忿的情绪。

3.培养孩子坚毅的性格。

通常来说,越是自信、内心坚毅的孩子,越不会被负面的情绪牵着走,哪怕受到了委屈,也会自我调整和自我控制。所以,在日常生活中,父母要注重对孩子坚毅性格的培养,将孩子置于逆境之中。因此,父母要放手让孩子独立面对问题,让孩子经历失败和挫折。

4.引导孩子学会换位思考,学会理解他人。

站在不同的角度,对事物的看法也有所不同。所以,很多时候孩子感到委屈的事儿,在他人看来并没有问题。父母可以引导孩子学会换位思考,试着理解他人的想法和做法,当孩子懂得了体谅他人、包容他人,就不会容易感到委屈了。

# 第六章
## 拥有自信力更容易出人头地

拥有自信力的孩子，其包容力、掌控感、担当力以及承受力也都非常强，这意味着孩子能与挫折对话，能在遇到挫折、失败的时候不自我怀疑、不依赖、不放弃，而是想办法找到保护和强大自己的武器。孩子心理力量的建设是孩子面对挫折的核心资本，父母要在陪伴孩子的过程中不断建设孩子的心理力量，培养孩子的自信力。当孩子拥有足够的自信力，做起事情才会更加积极、主动，勇敢突破自我。

## 淡化孩子的苛求心理

有这样一个很有哲理的故事：

有一个老木匠，他给儿子小木匠做了一辆木头自行车，希望儿子能骑着这辆自行车去旅行。小木匠收到自行车后，露出了不喜欢的表情。因为这辆自行车很奇怪，一点儿也不完美。首先，这辆自行车的车轮不是圆形的，而是正八边形的。其次，和圆车轮自行车的速度比，这辆自行车的速度简直慢得惊人。

不过，小木匠还是遵从父亲的希望，骑着这辆自行车去旅行了。因为自行车的速度很慢，所以小木匠能仔细欣赏沿途的美景，聆听树上鸟儿清脆的叫声。同时，他也听到了人们的笑声，笑话他这辆自行车又慢又奇怪。

小木匠很在乎别人的看法，他越发觉得自己的这辆自行车不完美。最终，他找来了工具，将自行车的车轮打磨成圆形。当小木匠再次骑上自行车继续旅行时，他终于听不到他人对他的自行车的非议了。可同时，因为自行车的车轮变圆了，速度变快了，他再也来不及欣赏沿途的风景了。

不难看出，老木匠送小木匠正八边形的自行车，是希望小木匠能体验旅行的乐趣。但小木匠执着于追求完美，最终失去了旅行的乐趣。

在生活中，父母也要关注孩子是否有追求完美的心理。通常来说，追求完美心理最典型的表现之一就是力求将每件事都做到最好，呈现最完美的状态。不可否认，追求完美的心理能促使孩子将事情做好，但如果过度地追求完美，就会使孩子产生苛求心理。

苛求心理，是一种对自己有严格、过高要求的心理。在苛求心理的影响下，孩子会越来越不认同自己，会自我否定、自我打击，自然也无法做到自爱和自信。当孩子长期与这种心理相伴，生活可能就会水深火热，异常辛苦。

孩子因追求完美的心理而衍生出苛求心理。那么，孩子的完美心理又是如何诞生的呢？来自孩子的不自信。通常，不自信的孩子内心是敏感的，极其在乎他人的看法，认为只有做到完美，才不会听到不好的声音。

孩子的不自信不是与生俱来的，而是后天形成的，是孩子的生活环境造就了孩子的不自信。譬如，当孩子最亲近的人有追求完美的心理，爱拿孩子与其他孩子比较等，都会使孩子不自信。因为不自信，使得孩子执着于追求完美。

父母需要知道，世界上没有十全十美的东西，也没有人是十全十美的。当我们的孩子因为追求完美而苛求自己时，父母要做的是淡化孩子的苛求心理，让他们接受不完美的自己。同时，父母要教会孩子自爱，认同自己的优点和成功，包容自己的缺点和错误。只有这样，孩子才能健康快乐地成长。

萱萱从小到大，成绩都名列前茅，从来没有跌出过前三名。因为成绩优异，她受到了很多人的夸奖。正是这些夸奖，令她对自己的学习要求极为严格，哪怕她还在上小学，也要每天晚上看书、写作业到深夜才睡觉。

爸爸妈妈经常劝她早点休息，但萱萱固执地拒绝了。她对自己苛刻、追求完美的心理，让妈妈很担心，如果她的成绩遭遇滑铁卢，她是否能够承受？而这样的情况，在不久之后真的来临了。

那是一次小测验，萱萱不小心感冒了，并且很严重。妈妈劝她在家休息,但她坚持要参加考试。在考试之前,她吃了一颗感冒药,结果在考试时睡着了。所以,她小测验的成绩处在班级的中下游。

萱萱对自己没有考入前三名很介怀,回到家后,表情很沮丧,她甚至哭着跟妈妈说不想去学校了,因为她害怕其他同学嘲笑她。妈妈耐心地告诉萱萱,没有人能够十年如一日地保持优异的成绩,人生中总会因为某些原因而考砸。与此同时,妈妈对她认真学习的态度表示肯定,并相信她下一次一定能考好。渐渐地,萱萱不再执拗于考砸的成绩了。

> 我这次没有考前三名,明天不要去上学了,老师和同学一定会笑我的。

> 只要你认真准备考试,不管考多少名,都没有人会怪你的。

**图 28　帮助孩子淡化苛求心理**

妈妈明白,萱萱特别在乎考试成绩,是因为她对成绩追求完美。也因为追求完美,才对自己苛刻。这之后,妈妈开始有意地帮助她淡化苛求心理,引导她接受自己的不完美,在完美中看见自己的不足。

对淡化孩子的苛求心理，陈老师有以下几点建议：

1.提升孩子的自信心。

有一位哲学家曾经说过："拥有自信就会成功一半。"在孩子成长的过程中，自信是精神核心，它能让孩子勇敢地面对困难。哪怕最后以失败告终，也能活力满满，重新起航。更重要的是，自信可以使孩子不钻牛角尖，不苛求完美。提升孩子自信，需要父母多给予孩子尝试新事物的机会，不吝啬对孩子的肯定与赋能。

2.引导孩子认知事物的不完美。

想淡化孩子追求完美的心理，要先让孩子认知事物的不完美，引导孩子发现，不完美才拼凑出多姿多彩的世界。当孩子不再执着于追求完美，苛求的心理也会得到淡化。

3.帮助孩子发现身上的缺点和不足。

没有人是十全十美的，孩子追求完美，很大程度是因为没能发现自己身上的缺点和不足。父母需要帮助孩子发现他们身上的缺点和不足。这些缺点与不足并不影响孩子的优秀。只有孩子认知到自己的真实与完美是两码事，明白完美的自己是假象，才能颠覆对完美的认知，继而不再苛求自己。要让孩子知道，缺点与不足只是标准与角度不同，缺点在某些时候也可能是优点。

4.父母不能对孩子有理想化的高要求。

事物都存在因果关系，很多时候孩子因为追求完美而苛求自己，是因为受到了父母理想化的高要求。当孩子将理想化的鞭策当成一种习惯，将追求完美当成一种信仰，就会沉溺其中无法自拔。

父母可以对孩子有所要求，但得有度，不要让孩子产生过大的压力。当孩子感受不到巨大的压力后，会自然而然地不苛求，接受不完美的自己。

孩子的童年应该是充满欢声笑语的，为了让孩子健康快乐地成长，父母务必要帮助孩子淡化苛求心理，教会孩子自爱，包括爱那个不完美的自己。

## 只与自己比进步，不与别人比不足

在南美洲的原始森林里，生活着一种全身翠绿且带着波浪花纹的鸟，因羽毛的颜色和花纹得名翠波鸟。

翠波鸟有一个很奇怪的习性，喜欢建造比自己大得多的鸟巢。翠波鸟的个头很小，只有几厘米，但建造出来的鸟巢比身体大十多倍。因为它们总是不停歇地建造鸟巢，所以总是无精打采，疲惫不已。翠波鸟为什么要建造如此之大的巢？为了弄清楚原因，专家们对翠波鸟进行了研究。

专家打造了一个模拟森林生态的环境，并捉来一只翠波鸟放入其中。翠波鸟在找到合适的筑巢点后，便开始筑巢。让专家意想不到的是，这只翠波鸟只筑了一个差不多能容下它身体的巢就停工了。后来，专家又放入了另外一只翠波鸟，这只翠波鸟建造的巢比前一只要大。而此时，已经停工的翠波鸟又开始筑巢了。

两只翠波鸟像是互相比赛一般，巢越建越大，即使已经精疲力尽，也要继续筑巢。再后来，其中一只翠波鸟因为疲惫而死去了。神奇的是，活着的那只翠波鸟立马停下筑巢。专家进行了反复实验，最终发现，翠波鸟是一种爱攀比的鸟，也因为攀比，有的甚至付出了生命的代价。

与翠波鸟一样，人类也喜欢比较。可以说，每个人都会有与他人比较的经历，当比不过他人时，内心就会产生失落感，严重的会陷入沮丧，甚至一蹶不振。

父母需要观察孩子是否有爱与人比较的习惯。当发现孩子喜欢将"我是最好的""别人都没有我好"等话语挂在嘴边时，就要警惕孩子的攀比之心了。因为，一旦孩子在与他人比较时处在下风，就会遭受打击。当打击过大时，其心理就可能崩溃。

是什么原因造就了孩子爱与人做比较的习惯呢？主要有以下几个原因：

第一，孩子生活的环境喜欢比较。有与人对比的心理是常态，大到比财富，小到比服装，似乎只要是能想得到的，都被列入对比的名单。在这种对比的环境中成长的孩子，不可避免地会染上爱与人比较的习惯。

第二，孩子有争强好胜的性格。性格要强的孩子往往特别在乎输赢，而要分出输赢，肯定就会有比较。所以，越是争强好胜的孩子，就越爱与人比较。

第三，孩子缺乏自信心，企图用对比获取满足感。从心理学的角度来说，自信心是一个人心理的自我信任程度，体现在自我价值、自我尊重、自我理解等方面。当孩子缺乏自信心，就会造成一种心理缺失，而与他人对比产生的满足感恰好能够弥补这种缺失。

适度与人对比，可以使人进步，但将对比当成常态，就会感到无穷的压力。尤其与他人比较自己的不足时，很容易钻进死胡同。父母要告诉孩子，可以比较，但只与自己比进步，不与他人比不足。

曾有一个家长分享了她的经历。

他的儿子叫轩轩，轩轩成绩很好，但是字写得不是很好看。有一天，老师在课堂上批评他的字不好看，希望他能练一练字。轩轩回到家后，主动要求妈妈帮他报一个书法班。既然孩子想学，父母当然不会拒绝，所以

第六章　拥有自信力更容易出人头地　141

妈妈很快帮轩轩找好了书法兴趣班。

让妈妈没想到的是，轩轩只坚持了一个月，就沮丧地跟妈妈说他不想去书法班了。妈妈问他不去的原因，轩轩情绪低落地跟妈妈说，他练习了一个月，字还是写得不好看，在书法兴趣班里，每次成绩都垫底。

妈妈并没有急着安慰轩轩，而是问他兴趣班里其他同学都练习了多久。轩轩说有的同学练习了3年，有的同学练习了5年。然后，妈妈对轩轩说："别人练习了那么久，你才练习一个多月，这不是用自己的不足与别人的长处比较吗，又怎么能占优势呢？"

后来，妈妈引导轩轩跟过去的自己对比，让他拿出一个月前写的字，再看看现在写的字。妈妈告诉他，可以比较，但只需要和自己比进步。轩轩看到自己的进步后，立即有了信心，再也没有和妈妈说不想去兴趣班这样的话了。

图29　教会孩子与自己比成长

每个孩子都有长处和短处，用自己的短处和别人的长处作比较，无异于以卵击石。因此，父母要教导孩子，不需要和他人比长处，只需要和过去的自己比进步。

在引导孩子只和自己比较时，陈老师有以下几点建议：

1.了解孩子与人比较背后的心理需求。

做任何事都存在目的性，当孩子总爱和他人比较时，也存有一定的目的性。因此，父母在看到孩子与人对比的行为后，需要想一想孩子这么做的目的是什么，背后的心理需求是什么。只有先知道孩子的需求，尽力满足孩子的这种需求，才能淡化孩子比较的心理。

譬如，有的孩子想通过与他人对比彰显自己的优秀，从而得到夸奖，那么孩子的目的就想得到表扬。如果父母在平时多夸一夸孩子，孩子得到这种满足后，就不会产生与他人对比的心理了。

2.帮助孩子提升自我价值感。

孩子爱与人比较，是希望以超过对方的方式来体现自我价值，从侧面体现出其内心是缺乏自信的。因此，父母需要帮助孩子提升自我价值感。譬如可以帮助孩子认知自己的优点。当孩子的自我价值感提升了，人就会变得自信，同时会有更强的自我效能。有了自信，就不会将与人比较当作习惯了。

3.引导孩子与自己对比。

事物都存在两面性，有利也有弊，如果对比得当，也是能起到积极作用的。父母不需要完全杜绝孩子的比较心理，引导孩子与自己作对比，会令孩子越来越优秀。

## 别质疑孩子的能力

相信很多人都有过被他人质疑的经历,譬如在生活中,被伴侣或孩子质疑厨艺,被父母质疑教育孩子的能力,被朋友质疑是否能帮助保守秘密;等等。在职场上,被上司质疑是否能策划出优秀的方案,被同事质疑是否会拖后腿,被合作伙伴质疑是否诚信、是否值得合作;等等。

当遭受到质疑时,内心会感到难过,会想方设法证明自己可以。一旦遭受的质疑过多,在难过的同时,也会不由自主地质疑自己是否真的能力不行。成年人遭受诸多质疑尚且会有这样的想法,更别说是心智还不成熟的孩子了。

很多父母都有质疑孩子的习惯,而质疑的方式有些是直接质疑,有些是间接质疑。直接质疑就是将"你行不行""你会不会"等质疑的话语挂在嘴边;间接质疑就是孩子在做某件事的过程中,或是孩子压根还没有开始做,就被父母剥夺做的权利。前者是用言语质疑孩子,后者是用行动质疑孩子。不管是哪种质疑方式,都会令孩子质疑自己的能力,觉得自己"无能为力"。

父母会质疑孩子的能力,通常是因为觉得孩子年纪小,思想不够成熟,动手能力差。当然,也可能是因为溺爱孩子,想全权包办。不管出于何种原因,质疑就是质疑,即使它有一层"我是为了你好"的糖衣。

时常遭受父母的质疑,对孩子的成长是极其不利的。质疑会令孩子变得敏感而自卑，变得很不自信。没有赢得好的体验，建立不了真正的自信，也无法实现真正的独立自主。

虽然，在质疑孩子的时候，父母可能没有直接说"你不行""你不会"这样的话，但质疑的语气和迟疑的话组合在一起，会令孩子错误地理解为"我不行"。久而久之，孩子会觉得自己真的很差劲，变得敏感而自卑，做任何事情都极不自信。那么，孩子在未来的道路上就会走得很艰难。

在孩子成长的过程中，最需要的就是自信，质疑则会扼杀孩子的自信。因此，父母不要总质疑孩子的能力，应该爱护孩子的自尊心，多给予他们鼓励和肯定。

有一天，静雅放学回家告诉妈妈，老师指定静雅和班里另外一位同学出一个以"元旦"为主题的黑板报，而且这次黑板报会在校内进行评选。妈妈听她说完后，很为她高兴，因为老师指定她来做这件事，是对她的粉笔字和写作能力的肯定。

晚上的时候，静雅回到自己的房间，开始设计黑板报的板块，并撰写黑板报的文字内容。她花了好几个小时，终于做好了，然后拿给妈妈看，希望妈妈给她一点儿建议。不过，妈妈发现她的表情很沮丧。

妈妈问静雅怎么了，是不是不开心。静雅情绪低落地跟妈妈说，她觉得她设计出来的黑板报很差劲，甚至质疑自己的粉笔字不够好看。妈妈看过她设计的黑板报后，确实发现了几个问题。不过，妈妈并没有质疑她出黑板报的能力，反而对她的能力给予了肯定。

妈妈告诉静雅，没有人能够一下子就做到尽善尽美，所有的尽善尽美都是在一步步的改进中诞生的。静雅听到妈妈对她的肯定和引导后，很快从自我质疑中跳脱出来，主动和妈妈商量她设计的黑板报中需要改进的地方。

第六章 拥有自信力更容易出人头地　145

> 妈妈，我觉得这一点儿也不好。

> 很好啊，宝贝。虽然有一些需要改进的地方，但是总体很棒呢。

**图30　父母需要肯定孩子的能力**

静雅会质疑自己，是因为她知道自己面对的是一件重要的事。责任感越大，压力也越大。这些压力，最后就演变为自我质疑。这个时候，如果妈妈再对她的能力提出质疑，那么无疑会对她的心灵造成沉重的打击，会令她觉得自己真的无能为力。

在与孩子相处时，父母要注意自己的言行，绝不能让孩子感受到父母对他们能力的质疑。父母帮助孩子建立自尊、自爱的意识，才能让他们因为爱自己而做到自立、自强，不断地向上发展。

怎么才能做到不质疑孩子呢？陈老师有以下几点建议：

1.不要向孩子表露质疑的言行。

很多时候，父母在对孩子说"你行不行""你会不会"等话语时，或许心里并没有质疑孩子能力的想法，只是将这类话语当成口头禅。但父母说得无心，孩子却听得有意。所以，父母需要注意自己的言行，既不要将质疑的话挂在嘴边，也不要向孩子表现质疑他们能力的行为。

2.不要经常对孩子做负面评价。

在孩子做完某件事情后，不少父母都会有点评的习惯。适当的点评有利于孩子的进步，但如果全都是负面的点评，或者看到的都是孩子没做到的部分，只会令孩子的心灵受伤，并对自己产生质疑。所以，父母在点评孩子的时候要赋能，决不能总是对孩子做全是负面的评价。

3.给予孩子尝试自己做的机会。

有时候，父母顾虑孩子年纪小，或是溺爱孩子，就会对孩子的事全权包办。父母需要明白，在包办孩子的事时，孩子可能会有"是不是我做不好，爸爸妈妈才会帮我做"这样的想法。如果这种想法在孩子的脑海中根深蒂固，孩子就会变得不自信，觉得自己一无是处。所以，父母要给予孩子尝试自己做的机会。

4.对孩子的能力给予鼓励与肯定。

培养孩子自信力的最佳秘诀之一，就是多给予孩子鼓励和肯定。在孩子表现不佳时，父母不要一味地批评，有时候鼓励比批评更令孩子有进步的动力。在孩子表现不错时，父母也不要吝啬自己的表扬，要及时给予孩子肯定。在鼓励和肯定的环境中成长，孩子才会自信满满。

## 自信的父母是孩子的榜样

有一部电影，讲述的是这样一个故事：

宁静的小镇搬来了一家人，一对夫妇和两个孩子。

姐姐、弟弟的一言一行都透露出满满的自信。他们的自信，很大程度上是受到父母的影响。

爸爸一直有一个作家梦，退休后就开始写作。他在写作过程中遇到了很多困难，但他都没有放弃，而是一一解决问题；妈妈是一位光彩照人的美妇人，走到哪儿都昂首挺胸，与人交际时，一言一行中都透露着自信。

两个孩子正是因为在自信的父母身边成长，所以自己也变得很自信。所以，内心自信的父母，是孩子安心定志的最佳模板。

在教育孩子的过程中，很多父母都希望能培养孩子的自信心，因为有了自信，才能走出更美好的人生。但是，当父母希望孩子自信时，自己的内心是否自信呢？在孩子面前是否展露出了自己的自信呢？

如果父母时常在孩子面前质疑自己，或者事情做到一半就放弃，总是悲观地看待事物，久而久之，孩子的行为、性格会向父母靠拢，也会遇事悲观，半途而废。环境在一定程度上能够决定孩子的性格，在缺乏自信的环境中成长，孩子又怎么能变得自信呢？孩子会在与父母相处的过程中学习父母的习惯，在心理学上叫作"习得性模仿"。

球球小时候并不自信，在尝试某些新事物时，总会胆怯退缩。为了培养球球的自信力，妈妈尝试了很多的方法，但都效果不佳。直到后来发生了一件事，让妈妈明白，自己的自信竟成为球球自信的源泉。

在球球4岁左右，妈妈给球球买了一整套积木，希望通过搭积木来培养孩子的逻辑思维能力和耐心。为了让球球感受到积木的神奇，妈妈决定用积木搭建一个他喜爱的猪猪侠模型。

当妈妈告诉球球自己要搭建猪猪侠的时候，球球很感兴趣，坐在妈妈的旁边看妈妈搭建。因为没有现成的模板，妈妈需要一点点地探索，所以搭建的过程中不免会出现搭了拆、拆了搭的情况。这期间，球球一直问妈妈"是不是很难啊"，并劝说妈妈放弃。不过每一次，妈妈都回答他"不难""妈妈不会放弃"。

图 31 父母应该做孩子的榜样

最终，功夫不负有心人，妈妈终于搭建出了猪猪侠的模型。球球看着妈妈搭建出来的模型，也露出了兴奋的表情，并一个劲儿地说"妈妈好厉害"。

在见识到积木的多变性、创造性后，球球喜欢上了搭积木。因为球球年纪小，在搭建积木的过程中遇到很多困难。有时候，他耗费的时间太长，妈妈都忍不住劝他放弃。不过，球球却拒绝了，他对妈妈说："妈妈都能搭出猪猪侠的模型，我也能搭出来。"

球球在说这句话的时候非常自信。也是这个时候，妈妈才意识到，球球的自信是受到了自己的影响，是妈妈的自信增加了他的自信。

因此，父母想让孩子变自信，首先要让自己成为一个自信的人。孩子在父母的影响下，会变得更自信。

父母该如何向孩子展露自信呢？坚坚老师有以下几点建议：

1.不要在孩子面前轻言放弃。

自信的人有强大的自控力,做事情都会坚持到底,只有不自信的人才会轻言放弃。所以,想让孩子自信,父母就不要在孩子面前轻言放弃。当孩子看到父母的坚持,会不自觉被感染,孩子的坚持就是他们自信的表现。

2.遇到困难时不轻易退缩。

自信的人不会畏惧困难和挫折,反而会越挫越勇。因此,父母在遇到困难和挫折的时候,不要当着孩子的面轻易退缩。父母的轻易退缩,可能会让孩子也变得懦弱、不自信。父母的勇往直前能够帮助孩子更加自信,是使孩子前行的动力之一。

3.培养孩子的自信需要持之以恒。

虽然环境在很大程度上能够决定孩子的性格,但这是一个漫长的过程。所以,父母需要长久地向孩子展露内心的自信,持之以恒,孩子才会渐渐变得自信。

父母对孩子进行教育,其实也是修炼自我的过程。在察觉到孩子身上的问题后,也要检讨自己身上是否也存在相同的问题,只有自己先做到,才能要求孩子也做到。

## 不吝啬夸奖

安徒生的《皇帝的新装》想必很多人都很熟悉:

皇帝喜好新装,有两个自称裁缝的骗子来到皇宫,对皇帝宣称他们可以制作出世界上最漂亮、最华丽的衣服。皇帝既好奇又期待地让他们开始制作，并让大臣去查看制作衣服的进度。而大臣们只看到了骗子制作衣服的动作，却看不到衣服在哪儿。

骗子宣称，愚蠢的人是看不到这件衣服的，聪明的人才能看到。大臣们为了证明自己很聪明，纷纷表示自己能够看到衣服，并告诉皇帝衣服有多么美丽。

后来，衣服"做好了"，两个骗子装模作样地捧着来到皇帝面前。皇帝看不到衣服又不愿意让大臣和子民认为自己是个愚蠢的皇帝，便也对衣服赞美了一通。骗子给皇帝穿上了"衣服"，皇帝知道自己光溜溜的，内心很窘迫。不过，两个骗子和大臣们却非常卖力地夸奖衣服有多么好看，皇帝穿上后有多么尊贵。

这些赞美的言辞令皇帝自信心暴增，就这么光溜溜地进行游街。在游街的时候，皇帝的子民也夸奖皇帝的新装多么美丽，这些夸奖令皇帝更加自信，他昂首挺胸，仿佛身上真的穿着一件世界上最美丽的衣服。忽然，一个小孩大声说："他明明什么也没有穿啊！"至此，丑剧被彻底揭穿。

我们暂且不探讨故事中的皇帝、大臣和百姓的虚伪和愚昧，先探讨为什么皇帝会那么自信地穿上一件看不见的衣服。其实，皇帝的自信源于骗子、大臣和百姓的夸奖。可见，父母的夸奖也可以助长孩子的自信心。

在孩子的成长过程中，父母的一言一行都能对孩子产生重要的影响。如果父母不吝啬对孩子的肯定，则会令孩子认识到自己的优点，对自己的有效部分不断确认，并建立自信满满的心理力量。有了自信，孩子就能更加从容地面对挫折，也就能提升逆商，在遇到挫折和困难的时候才能迎难而上，用积极的态度面对。

父母不吝啬对孩子的肯定，有以下几个好处：

首先，肯定是孩子前进的动力。孩子在遇到困难或挫折时，内心会在坚持与放弃之间摇摆不定，这个时候，父母可以给予孩子肯定，因为肯定是孩子前进的动力。譬如，孩子学习某项特长，由于某种原因想放弃时，父母可以肯定孩子"你已经做得很不错了"。当孩子听到父母肯定确认的话语后，精神就仿佛有了支柱，会动力满满地继续坚持下去。

其次，肯定会让孩子更自信。当我们批评或贬低孩子时，孩子会表现得很沮丧，而这也是没有自信心的典型表现。相反，当孩子受到肯定时，内心会感到喜悦，再加上孩子发现自己的某一些特点、行为是被肯定的，就能认知到自己的优点，增加自信。

再次，父母的肯定能够促进亲子关系的发展。在孩子遭受父母的批评时，批评越严厉，越会让孩子感到害怕，使孩子产生"爸爸妈妈不喜欢我"的想法，继而与父母产生距离感。反之，孩子被父母肯定时，会觉得爸爸妈妈很喜欢自己，从而加强亲子关系。

最后，肯定会让孩子的性格更加乐观、开朗。通常来说，乐观、开朗的孩子大多充满自信，而自信又与父母的肯定有关。所以，从一定程度上来说，父母是孩子的重要他人，重要他人的肯定会让孩子的性格变得更加乐观、开朗，内心积极向阳。

昊明从5岁起开始练习滑冰，到现在已经4年了。这期间，他已经掌握了多个滑冰技巧，也获得了多个奖项。而昊明能够坚持这么久，取得好的成绩，与爸爸对他的肯定息息相关。

在昊明刚接触滑冰的时候，表现很娇气，摔了几次就不想学了。但每一次，爸爸都会为他赋能，当然，爸爸的赋能是基于现实，没有过分夸大。譬如，爸爸会对他说"你进步很快，刚刚还站不稳，现在已经能站稳了""你表现很棒，昨天只能滑一两米，今天能够滑四五米了"。每当得到爸爸的肯定，昊明都会再次变得信心十足，跟爸爸说他会表现更棒的。

后来，爸爸送昊明跟专业的老师练习滑冰。这期间，昊明也屡屡有想放弃的想法，但每一次爸爸都用赋能打消了昊明的想法。在昊明初次参加滑冰比赛时，他的成绩并不好，但爸爸依然对昊明的表现给予肯定和鼓励，昊明也因此更有力量、更自信，向更好的自己迈进。

父母想要让孩子成为一个自信的人，就不能吝啬赋能、肯定。

在赋能、肯定孩子的时候，坚坚老师有以下几点建议：

1.对孩子的进步给予肯定。

很多时候，从总体看，孩子的某个方面可能不尽如人意，但为了让孩子有前进的动力，父母依然要肯定一番。要找出孩子的亮点，对孩子的进步给予肯定。

2.夸奖孩子要适度。

夸奖是一柄双刃剑，适度夸奖会让孩子自信、进步，不适度夸奖则会让孩子退步。譬如，孩子在做某件事时明明表现一般，父母违背现实给予孩子过高的夸奖，可能会扭曲孩子的价值观，使得孩子变得自负。因此，父母在夸奖孩子时，一定要适度，要基于现实。

3.不要用对比的方式肯定孩子。

父母在肯定孩子的时候，需要注意肯定的方式。在肯定孩子的时候，不要和其他孩子作对比。这种对比的肯定方式虽然能让孩子获得自信，却不利于孩子长久保持自信，因为对比的孩子某一天可能会超越我们的孩子。用对比的方式肯定孩子，不是和别的孩子比，而是和孩子的过去作对比，让孩子和自己比进步。

4.肯定孩子时切勿陈词滥调。

肯定孩子时，如果一味地说"你很棒""你好厉害"等这样的话，孩子听得久了，就会变得麻木，甚至反感。所以，陈词滥调的肯定方式对树立孩子自信心没有真正的帮助。

在肯定孩子时，父母要用多样的方式，孩子感受到新意才会源源不断地产生自信，产生前进的动力。

5.肯定孩子的态度与行为，而非结果与人。

想要让孩子建立健康的结果关系，父母在肯定孩子的时候，不能肯定孩子的行为和结果的关系，而是应该把结果与人剥离，无论结果怎样，都不要把孩子个人与结果直接画等号。肯定孩子的态度与行为，才能让孩子建立健康的行为与结果的关系。

独立的孩子是最自信的。

孩子的自信很大一部分源于独立，源于自己能适应各种环境。独立会让孩子建立起"我行""我可以"的自我认知，这样的自我认知在孩子人生旅途中，在面对挫折与挑战时都是非常重要的心理力量。

人在面对陌生事物时，会感到紧张、害怕，会质疑自己不能做好，这也是不自信的表现。在面对熟悉的事物时，人的心态会很平静，会自信自己一定能将事情做好。所以，一个人想要自信，就必须要先经历，当经历得多了，执行起来就淡定自若了。

当发现孩子缺乏自信时，父母不妨想一想，孩子的人生经历是怎样的。如果父母将孩子放置在象牙塔中，不让他们经历多样，那么孩子在遭受挫折和困难的时候，就会沮丧、害怕，会十分没有自信；如果父母将孩子放在逆境之中，让他们经历各种好的坏的，孩子的内心就很强大，会勇敢地迎难而上，即使失败，也会重新起航。可见，让孩子去经历是多么重要。

让孩子经历，其实就是让孩子独立。想要孩子经历，父母需要鼓励孩子去尝试、成长，同时也给予孩子形成独立完整人格的环境和氛围。但是，很多父母因为孩子年纪小，或是过度溺爱孩子，剥夺了孩子独立的机会。孩子学不会独立，又谈何自信！

爱在我家在传播家庭教育的过程中，很看重孩子的独立性，所以，在孩子小时候，家长就应该注重培养他们的独立性。比如在孩子3岁左右，家长就可以开始让他自己穿衣、脱衣、刷牙、洗脸。

当然，在一开始向孩子提出这样的要求时，孩子可能会表现得很不情愿，甚至有的孩子嘴里一直说"我做不好""我不会做"这样极不自信的话。这时候父母就要不断鼓励，孩子才能接受现实，尝试去做。

比如一些孩子在穿衣服的时候，不会将衣服翻正，脱衣服的时候又不会解扣子。孩子在折腾了一番后，就会耐心告罄，甚至一边焦躁地哭，一边不停地跟家长说他不会，想让父母帮助他。比如孩子在洗脸、刷牙的时候，一会儿说拧不开牙膏，一会儿说胸口的衣服会被弄湿，总结就是一句话："我做不好。"

孩子之所以没信心，觉得自己做不好，是因为他没有独立尝试且成功过。如果他能够掌握技巧，并能独立将事情做好，那么内心就会产生满足感，变得信心满满。所以，在听到孩子让你帮他做事情的请求时，父母要区分这个事情孩子是否做得了。如果做得了，就让孩子自己做，并在孩子做的过程中，给孩子一些实用建议，教授他一些技巧。渐渐地，孩子就能够独立地完成了。每一位父母都需要知道，自信的孩子不是靠溺爱，而是靠放手，让孩子自己探索、历练。父母要给孩子独立的机会，让他们在独立中获得自信。

如何用独立培养孩子的自信力呢？陈老师有以下几点建议：

1.教授孩子独立的技巧和经验。

在面对从未尝试过的事物时，孩子会本能地害怕，甚至一部分孩子会悲观地认为自己做不好。这个时候，父母可以给孩子一点儿帮助。这里的帮助不是代替孩子做，因为这会使孩子失去独立的意义。这里的帮助是就孩子要做的事教授一些技巧和经验，比如如何适应环境、如何解决问题、如何进行自我保护等。有了技巧和经验，孩子就不会感到那么害怕，也不

图32 给孩子传授一些独立的技巧

会没自信了。

2.在孩子想要放弃时,父母要赋能。

在孩子独立的过程中,必然会遇到各种各样的困难。如果孩子的承受能力弱,就会有想要放弃的念头。这个时候,父母要多给孩子赋能。父母的赋能是孩子前进的动力之一,是孩子自信的添加剂。

3.放手让孩子探索新事物。

每个自信的孩子都喜爱探索,也敢于探索,越是危险而未知,越会主动地寻找答案。期间碰到难题,也会勇敢面对。孩子的独立包含对新事物的探索欲。父母可以做孩子坚实的后盾,但不能因为害怕孩子在探索的过程中遇到危险,而剥夺孩子探索的机会。父母必须要意识到,想让孩子自信,就要懂得放手,让他们自己探索。

4.当孩子独立做好某件事时,父母要及时给予肯定。

孩子独立做某件事时,如果表现出色,他们内心会非常渴望父母的肯定,而父母的肯定会让他们更加信心十足,内心对自己更多一份信任和期待,也会有更独立的自我。相反,如果父母不对他们的表现进行反馈,则容易使孩子情绪低落,在碰到相同性质的事情时,会兴致缺乏。可见,肯定对孩子的心态有很大的影响。在孩子独立做好某件事时,父母一定要及时给予孩子肯定。

　　自信的人在人群中是耀眼的,自信的人获得的机会也会更多。所以,父母想让孩子有一个美好的人生,就要对孩子放手,让孩子在独立中提升自信力。

# 第七章
## 其实孩子更需要柔韧性

想要让孩子和逆商交朋友，父母要有意识地锻炼、磨炼孩子，让他们练就强大的内心。

　　但是，"强大"并不意味着"强硬"，过于"强硬"，孩子就有可能在挫折、失败的打击下被"破碎"。所以，孩子更需要一种柔韧性，学会变通，学会柔软，能独立自主地适应各种各样的环境，应对各种各样的状况。

## 保护孩子的弹性思维

雪儿的妈妈曾分享她的一次经历。

有一次,雪儿妈妈带两个孩子去肯德基,给孩子们点了他们爱吃的套餐。在孩子开心吃东西的时候,邻桌发生的一幕令雪儿妈妈感慨万分。

邻桌坐了一对母女,妈妈给4岁左右的孩子点了一份薯条。在开始的时候,小女孩用薯条蘸着番茄酱,吃得很认真。不过,吃到一半,她就失去了兴致,抱着放在桌子上的芭比娃娃玩了起来。

小女孩玩了一会儿,又拿起一根薯条蘸了番茄酱,只是她没有放在自己嘴里吃,而是假装喂自己的芭比娃娃吃,同时她还模拟娃娃吃东西的声音。薯条上的番茄酱糊在了芭比娃娃的嘴上,看上去脏兮兮的。但是,小女孩的妈妈并没有责怪她,反而问小女孩"娃娃吃饱了吗""娃娃喜不喜欢吃"这样的话。

但是接下来的一幕,令雪儿妈妈很难接受。小女孩将番茄酱当成胭脂,直接用手糊在了芭比娃娃的脸上。她还笑着问自己的妈妈好不好看。雪儿妈妈想,这样的情景如果发生在自家的孩子身上,肯定会好好教育孩子一番。但小女孩的妈妈没有批评小女孩,也没有跟小女孩说"番茄酱是吃的,不是玩的"这样的道理,而是笑着回答小女孩说"娃娃擦了胭脂很好看"。

在绝大多数人的思维里,"番茄酱"是食物,不能拿来玩,其实这样的想法是固有思维。小女孩将番茄酱当成胭脂，并实践，证明她的想法是弹性的，极具跳跃性。对孩子的成长来说，固有思维会令孩子按部就班，弹性思维却可以让孩子的人生充满创造性。

因为这件事，雪儿妈妈开始反思，自己是否在用固定思维压制孩子的弹性思维。

通常来说，固定思维是一种自我保护的思维方式，是基于对现实的固有认知运行的；弹性思维与固有思维恰恰相反，是基于打破现实中的固有认知运行的。比如同样一道数学题，只用老师讲述的方法做，就是固定思维。不用老师的方法做，独立思考，寻找新的解题方法，就是弹性思维。

天文学中曾有"地心说"和"日心说"两个理论，"地心说"比"日心说"早几百年被提出，并一直占统治地位。以"地心说"为基础研究宇宙，就是固定思维。对"地心说"提出质疑，得出"日心说"的结论的过程，则是弹性思维。

简而言之，弹性思维是创新，是变通，是接纳，是融合；弹性思维需要人们具有独立思考能力和质疑能力，需要人们敢于质疑、突破和创新。纵观古今，绝大多数成功的人的思维，都是弹性思维。父母如果想让孩子成为一个优秀的人，那么就不要用固定思维压制孩子的弹性思维。

雪儿妈妈明白这个道理后，也调整了自己的教育方法。

有一回下大雨，雪儿和弟弟穿上雨鞋、雨衣后，跑到屋外玩。屋外水泥地上的坑里已经积满了水，两个孩子在水坑里蹦蹦跳跳，玩得好开心。后来，两个孩子又玩起了救援游戏。

两个孩子找到一个面积很大的水坑，水坑中间有一块空地。孩子们将水坑当成"海洋"，空地当成"海岛"，水坑边缘的地面当成"陆地"。雪儿假装自己开船在"海面"航行，但船出了故障，她不得不弃船来到"海岛"上。为了获救，她在"海岛"发出各种求救信号，并最终引起了

图 33 别否认孩子的想象

"海洋救援人"弟弟的注意。

两个孩子在雨中玩得不亦乐乎,哪怕穿了雨衣、雨鞋,身上也湿了大半。当妈妈看到两个孩子在雨中游戏时,并没有打断他们,因为孩子正在运用他们的弹性思维。

在固有思维中,可能会认为下雨天不能出去玩,会觉得将水坑当成"海洋"、空地当成"海岛"很滑稽。但是,谁规定雨天不能出去玩呢?脑洞不就是想象力的体现吗?父母需要明白,孩子的弹性思维能够帮助他们的生活,这种思维很珍贵,也很脆弱,父母需要呵护孩子的弹性思维。

在呵护孩子弹性思维上,李贺老师有以下几点建议:

1.父母不要将自己的思维固定。

孩子的思维模式与所处的环境、受教育的模式息息相关，父母作为孩子的第一任老师，如果用固定的思维教育孩子，那么孩子也会局限在固定思维中。为了培养孩子的弹性思维，父母首先要做的就是自己先从固定思维中跳脱出来。在与孩子相处的过程中，不要总是将"错了""不是这样的""应该像我这样做"等话语挂在嘴边。

2.尊重并保护孩子的想象力。

弹性思维最典型的表现之一是想象力。不管孩子的想象是多么天马行空，父母不仅不应该制止，反而要用欣赏的眼光看待。尊重、保护孩子的想象力，就是尊重、保护孩子的弹性思维。

3.鼓励孩子创新。

弹性思维是一个推陈出新的过程，父母要告诉孩子，世界并不是一成不变的，它随时都在变化，鼓励孩子勇敢创新，紧跟变化的步伐。在创新的过程中，孩子的弹性思维会逐渐得到提升。

4.帮助孩子建立情景动态思维。

此时此刻，事情是这样发展的，换一个时刻，事情可能就不是这样发展了。要让孩子明白，不同的时间与情境，事态的发展会不一样，事情的结果、处理措施、所获得的经验等也不一样，要让孩子建立动态思维。

人的思维模式并不是天生的，是可以后天培养的。在日常生活中，父母要主动对孩子的思维模式进行开发和引导，培养孩子的弹性思维。

## 引导孩子学会变通

很多时候，父母都鼓励孩子坚持。但是，坚持并不意味着要一条路走到底。明知道眼前的路是绝路，那么继续走下去就没有意义了。这个时候，不如换一条路走，说不定会柳暗花明。

不可否认，坚持是一种优秀的品质，在能看到希望的情况下，坚持下去就能获得回报。但是，在看不到希望的情况下坚持，只能说是愚蠢。在培养孩子坚持的品质时，父母要在陪伴中不断强化孩子的区分能力，在明知没有结果时，要告诉孩子懂得变通。唯有坚持加变通，才能获得源源不断的机会。尽量避免孩子在行不通的道路上死磕，因为这样会给孩子带来更大的挫折，甚至让孩子习得性无助。

19世纪中叶，美国的旧金山十分热闹，到处都有熙熙攘攘、川流不息的人群。虽然，这些人种族不同，但他们来这儿的目的相同，那就是淘金致富，这些人被称为"淘金者"。

年轻的李威·施特劳斯是这些淘金者中的一员，他是德国犹太人，他来旧金山是因为厌恶了千篇一律的生活，想靠淘金大赚一笔。但是，当他抵达旧金山后，他放弃了淘金致富的想法，因为淘金的人实在太多了。

不过，李威很快想了一条新出路，他开了一家小商铺，专门销售生活用品。后来，他发现很多光顾他小店的淘金工人的工装裤都破破烂烂的，因为都是棉布做的。他想，如果用帆布做工装裤，那么一定会结实耐穿。

李威是个行动派，说干就干，很快他就做出了一条帆布工装裤。这种布料的工装裤一经推出，立即受到了淘金者的喜爱，这种裤子后来被命名为"牛仔裤"。李威因此大赚一笔。

如果李威一条路上走到底，那么他可能只是一名默默无闻的淘金者，淘金致富也遥遥无期。但是，李威不是固执的人，他懂得变通，在转换思想后，他选择了另外一条路，这条路也成为他通往成功的路。

通往成功的路不只一条，当发现脚下的路太坎坷、望不到尽头时，何不换一条有曙光的路走呢？变通不是妥协，而是为了更好地达成自己的目标。

在引导孩子懂得变通前，父母需要先知道孩子为什么不懂得变通。这与孩子的思维方式有关。当孩子太过遵守规则时，不管所处的环境变化多大，都会按照规则做。但是，规则不是死的，如果能够让事情发展得更好，规则也可以更改，很多规则都具有情景与时间的限制性。

君君的妈妈曾分享她和孩子的经历。

君君是一个很聪明，但是也很固执的男孩。因为不懂变通，他吸取了很多教训。

有一回，学校举办夏季运动会，老师叮嘱孩子隔天是运动会的开幕式，必须穿夏季校服，如果不穿，会被扣操行分。君君向来把老师的话奉为圣旨，所以回到家后就将夏季校服摆在床头，准备隔天起床换上。

君君妈妈有一个习惯，在晚上睡觉之前会查看隔天的天气情况。那天，妈妈查看了天气预报，发现隔天的温度会下降很多，最高气温仅有17℃。这样的气温并不适合穿夏季校服，而需要外套。

隔天早上妈妈跟君君说了自己的建议，但他想也不想就拒绝了。君君跟妈妈说，老师规定要穿校服，不能换其他衣服，如果换了其他衣服，不仅会被扣分，而且会在人群中显得格外突出。

老师说了，必须穿夏天的校服。

可是天气很冷，其他同学也会穿得很厚的。

图 34　让孩子学会变通

尽管妈妈和君君说其他同学也会穿厚衣服的，但君君就是不为所动。最后，他还是只穿了夏季校服去了学校。当他去了学校后，发现同学们穿得五花八门，有的换了其他衣服，有的则在校服外面套了外套。

运动会开幕式上，绝大多数同学都将自己裹得暖暖的，君君则在人群中瑟瑟发抖。晚上回家妈妈和君君总结这件事时，君君才意识到，因为自己不懂得变通才会被冻。在妈妈的引导与区分下，君君渐渐学会了变通。

在引导孩子变通时，陈老师有以下几点建议：

1.父母要向孩子展现自己的变通。

常言道，有什么样的父母，就有什么样的孩子，这是有一定道理的。如果父母是一个固执、不懂变通的人，孩子受到父母的教育和影响，也有很大可能成为一个固执、不懂得变通的人。所以，父母想让孩子学会变通，首先要自己懂得变通，并在孩子面前尽量多地展现自己的变通。

2.培养孩子的转向思维。

懂得变通的人都具有转向思维。"转向思维"就是当思想在某个方向停滞不前时，及时转换到另外一个方向。所以，父母想让孩子变通，就要培养孩子的转向思维。

思维方式的培养是一个漫长的过程，父母可以多带孩子见识一些脱离规则的事物，也可以引导孩子从不同的角度看待问题，等等。久而久之，孩子就会养成思考的习惯，遇到事情会多问为什么，多用批判和质疑的方式思考，逐渐具有独立思考的能力，然后自觉使用转向思维，懂得变通。

3.引导孩子分析变通前后的变化。

孩子不懂得变通，很多时候是因为孩子没有因为不懂变通吃过亏。俗话说："吃一堑，长一智。"当孩子在不懂变通上吃了很多亏，就会吸取教训。为了让孩子认识变通的好处，父母可以引导孩子分析变通前后的变化。

4.让孩子自己的事情自己做。

通常，人们选择变通，是因为得到了教训和经验。想让孩子变通，父母就不能将孩子纳入自己的羽翼下，应该要学会放手，让孩子自己的事情自己做。当孩子吸取经验和教训，就不会在一条路上走到黑了。

俗话说："条条大路通罗马。"一条路走不下去，可以换其他的路走。说不定，重新选择的这条路会更短、更畅通。

## 让孩子学会适时、适度的柔软

很多父母都有过这样的经历：与同事意见相悖，因工作疏忽被上司批评。面对这样的情况，要如何应对呢？

如果选择和同事持续争执，不退让，那么不管意见是否被采纳，都可能会失去同事情谊；如果在上司面前态度强硬，坚决不认错，可能会迎来更激烈的批评，甚至被解雇。

如果在和同事争执时适度柔软，退让一步，同事的态度可能也会不由自主地软化，更易于达成目的；在被上司批评时，如果能主动认错、示弱，上司便不会抓着不放。

可见，有时候柔软比强硬更有用。

在教育孩子时，绝大多数父母都希望孩子成为一个强硬的人，并认为强硬才能够不惧任何挫折和困难。但是，有时候，盲目的强硬并不能让事情朝着好的方向发展，反而还会令事态越来越糟糕。

很多人熟悉《西游记》中"三打白骨精"的故事，每一次孙悟空都能看穿假装人类的白骨精，每一次他都直接将披着人皮的白骨精打死。但在唐僧眼里，他看到的是孙悟空将人打死了，他问孙悟空知不知错，孙悟空只是倔强地说自己没有错。最终，唐僧把孙悟空赶走了，唐僧自己也落入妖怪手中。

孙悟空的本意是保护唐僧，但因为他态度强硬，反而让唐僧落入危险。倘若他向唐僧使用怀柔计策，适时向唐僧示弱，可能就不会被赶走，不会伤心。

有一个成语叫"因地制宜"，意思是根据实际情况制定适当的措施。在不同的场景中，要采用不同的态度。明知道强硬的态度会令自己不占优势，就要及时摒弃强硬，采用柔软的态度。刚者易折，父母在教导孩子"刚"的同时，也不要忘记教孩子学会柔软。

魏明是一个活泼好动的男孩，性格也很强硬。有一回，魏明在学校里和同学起了争执，因为他态度强硬，老师不得不联系家长来学校解决。

其实，魏明和同学的争执是因为一件小事。同学在用钢笔写字的时候，墨水不流畅，便随手甩了甩钢笔。哪想到，钢笔墨水沿着笔腔飞了出来，其中一滴墨水落在了魏明的作业本上。

魏明很生气，同学可能没有察觉到他的生气，也就没有及时道歉。魏明态度强硬地和同学辩论，对方却只说自己不是故意的。魏明对他的态度很不满意，和对方理论起来。最后发展到互相推搡。

有同学担心两人会打架，去通知了老师。老师将魏明和同学带去办公室，并了解了缘由。老师认为两个人都有错，魏明的同学认错态度良好，老师让他回了班级，但魏明觉得自己没有错。

魏明态度倔强、强硬，与老师说话的语气也很恶劣，令老师十分生气。老师打电话联系了家长。妈妈了解缘由后，也认为魏明是有错的，错在不应该对同学咄咄逼人，错在不应该将小事发展成大事，更错在对老师态度恶劣、强硬。

在妈妈的区分引导下，魏明意识到自己的错误，接受了老师的惩罚：值日一天，为自己的态度买单。之后，妈妈告诉魏明，如果当时他能够主动服软，主动承认自己的错误，就不会请家长、被惩罚了。魏明也明白过于强硬和倔强会付出代价的道理。

如何教孩子学会适时、适度地柔软呢？陈老师有以下几点建议：

1.培养孩子的情商。

情商高的人往往很受欢迎，因为高情商的人能识别自己的情绪，也能识别他人的情绪，能自我激励，与他人有效互动，会体贴他人，在相处中令人感到十分舒适。高情商的人适应环境能力也非常强，会根据环境采用对自己有益、对他人不伤害的态度，该柔软的时候柔软。所以，父母要注重对孩子情商的培养，提高孩子自我管理情绪的能力。可以从孩子的自我意识、自控力、同理心、人际交往等多个方面着手培养。

2.培养孩子感性的一面。

通常来说，强硬的孩子内心也是坚韧的，鲜少受到他人情绪的影响。

如果孩子察觉不到他人情绪的变化，又怎么会主动服软呢？因此，父母需要挖掘孩子感性的一面。当孩子感性了，能感受他人的感受，自然能学会适时、适度地柔软。在培养孩子的感性时，父母首先要感受孩子的感受，让孩子更多地把焦点放在人上，而非事上，可以陪伴孩子观看情感类节目或书籍，也可以给孩子说一说相处中的不同的行为带来的感受，教会孩子什么是爱，如何爱自己，如何爱他人。

3.让孩子体会强硬带来的教训。

在经受一次教训后，就会吸取经验教训。想让孩子学会适时、适度地柔软，不妨让孩子承担一次强硬带来的结果。需要注意的是，父母需要及时给予孩子引导，帮助孩子更好、更快地学会适时、适度地柔软。

4.引导孩子根据环境采用不同的态度。

做人不能一味强硬，也不能一味柔软，太刚者易折，太柔者易弯。正确做法是根据不同的环境采取不同的态度。父母需要引导孩子感知不同的环境，然后分析环境、适应环境。可以与孩子玩一些模拟情景游戏，帮助孩子迅速认知、积累，学会什么样的环境用什么样的态度。

刀很坚韧、锋利，但它劈不开水。因此，在教导孩子刚强的同时，父母也不要忘记教导孩子学会柔软。

## 培养孩子坚定且温和的灵魂

"坚定"是一种好品质，意志坚定的人更可能获得成功。当然，坚定的前提是能够看到前路，能够看到希望。所以，孩子需要有坚定的品质。

如何判断孩子是不是一个坚定的人？不妨看看自己的孩子是否有以下一些习惯：

不管建议好还是坏，都照着做；明明有自己的想法，但是别人三言两语就能轻易地令他改变想法；在做事情时，喜欢半途而废；总是质疑自己的想法和观点；等等。

如果孩子有其中一个习惯，那么很有可能就是缺乏坚定意志的人。

坚定对于人生非常重要。

著名作家张海迪写下很多著作。上天给予她才华，也给了她残缺的身体。在很小的时候，她胸部以下就瘫痪了，没有一点儿知觉。但是，张海迪身残志坚，凭借坚定的意志，一边和病魔斗争，一边学习知识，走出了更绚丽的人生道路。

美国著名作家、教育家、慈善家海伦·凯勒最著名的作品是《假如给我三天光明》，这部作品的原型就是她自己。在海伦·凯勒1岁多的时候，因为一场病失去了听力和视力。但是，她凭着坚定的意志，不仅学会认字，还学习了各种知识，考入了哈佛大学。

宋代诗人苏轼曾经说过："古之立大事者，不惟有超世之才，亦必有坚忍不拔之志。"想要建一份伟大的事业，不仅需要有才华，还必须有坚定的意志。

可见，坚定的意志对成功几乎是起决定性作用的。

因此，父母要注重对孩子坚定意志的培养。当孩子拥有坚定意志，才能不畏惧任何困难和挫折，迎难而上。不过，除了拥有坚定意志外，孩子还需要拥有温和的灵魂，温和能使孩子的坚定往好的方向发展。

譬如，在孩子与他人讨论时，如果观点不同，各持己见，若是孩子和对方硬碰硬，那么对方绝不可能轻易妥协。若是孩子能温和地和对方说，对方的情绪会不自觉地被安抚，态度逐渐转变，才有被说服的可能。所以，在把孩子培养成一个坚定的人的同时，父母也要教导他学会温和。

爱在我家训练营的一位家长有一对儿女，姐姐叫嘟嘟，弟弟叫叮咚，两个人都是意志坚定的孩子。但是，在说服他人同意自己建议的时候，叮咚鲜少成功，嘟嘟屡屡成功。原因在于嘟嘟说服他人的时候态度更加温和。

有一回，叮咚和嘟嘟所在的学校举办元旦活动，两个孩子都被班主任委以重任，负责并组织班级表演节目。

叮咚想了很久，决定表演小品，当叮咚将想法告诉同学时，遭到了很多同学的反对。大家的想法各不相同，有的同学提出表演唱歌，有的同学提出表演舞蹈。同学们会有这样的想法，是因为班级里学习音乐和舞蹈的同学有很多，表演起来也会相对容易。叮咚对自己的想法坚定不移，于是态度强硬，不管同学怎么说，都一口回绝。结果，叮咚还没来得及和同学说表演小品的理由，大家就不欢而散了，也没有人愿意和他排练小品。

嘟嘟的想法和叮咚不谋而合，她也想排一个小品节目。同样地，当她将想法告诉同学时，也遭到了反对，大家各抒己见。嘟嘟对自己的想法很坚持，不过她愿意听取同学们的建议，并温和地给出不可行的理由。最后，她又认认真真地向同学们解释为何选择排练小品。在她的耐心与温和的态度下，同学们同意了她的决定。

"伸手不打笑脸人"，在自己的想法和他人的想法相左时，只有向对方传递温和的态度，才更有机会表达自己的想法。因为，"温和"也是"尊重"的代名词。

父母如何才能将孩子培养成一个坚定又温和的人呢？陈老师有以下几点建议：

1.不要溺爱孩子。

父母溺爱孩子，会让孩子成为温室里的花朵，经不起一点儿风吹雨

**图 35　培养孩子坚定且温和的品质**

打。孩子在遇到挫折和苦难时，会懦弱、退缩，这也是意志薄弱的表现。父母爱孩子要把握尺度，绝不能溺爱。

2.对孩子放手，自己的事情自己做。

通常来说，独立性很强的孩子都很有主意，不会轻易被他人的想法所动摇。所以，父母不要将孩子的事包揽在自己身上，应该对孩子放手，让孩子自己的事情自己做。学会独立，也意味着坚定。

3.将孩子放在逆境之中。

在逆境中成长的孩子，都会有坚韧不拔的品质，不会轻易改变自己的想法，他们的心志在困难和挫折的打磨下，已经变得足够成熟和坚硬。所以，父母应该让孩子独立面对逆境，让孩子在逆境中培养出坚定的品质。

4.引导孩子自主选择，学会承担责任。

很多时候，孩子意志不坚定，是因为对还未发生的事感到惶恐，担心自己无法承受后果。这个时候，父母需要思量，在平时孩子是不是鲜少自主选择？鲜少独自承担选择的后果？如果是，那么就要更多地引导孩子自主选择，引导孩子学会承担自己应该承担的责任。当孩子选择多了，就不会再畏惧承担责任，那么也就意志坚定了。如果孩子意志坚定，就能自主管理，做到自律与自强。

5.注重孩子的性格培养。

"坚定""温和"是性格中的一个特质，而孩子的性格与他们所处的环境有关，父母想要孩子成为一个既坚定又温和的人，就要注重孩子的性格培养，为他们塑造一个坚定又温和的环境。

## 学会隐忍，厚积薄发

在生活中，很多父母都教导孩子要表现自己，但是，如果没有准备好就急着表现，结果就会不尽如人意。要教孩子勇于展现，同时也要教他们学会隐忍，明白厚积薄发的道理。只有占据天时、地利、人和，孩子才会获得成功。适当隐忍，孩子也能避免一些挫折。

很多父母可能认为"隐忍"是退缩、懦弱的表现，但是，如果孩子在"隐忍"时能做得更好、更充分，成功的概率就会提升一大截，那么隐忍一时又何妨呢？要知道，古往今来，很多王侯将相都是在隐忍中厚积薄发取得成功的。

譬如越王勾践，他是一个懂得在逆境中隐忍的人。勾践在被吴王夫差打败后，为了不被灭国，他对吴王说愿意伺候他。勾践在吴王面前伏低做小整整三年，受了无数的屈辱，最终令吴王放下警惕，将他放回越国。勾践回国后，他发愤图强，卧薪尝胆，经过十多年的养精蓄锐，令越国变得强大起来。之后，他向吴国发起了进攻，最终打败了吴国。

譬如西汉名将韩信，他也极懂隐忍之道。韩信出生贫苦，却有很大的抱负，在维持生计的同时刻苦研究兵法、练习武艺。在看到时局动荡后，便带着自己的剑出发寻找出路。有一回，他碰到一个恶少，恶少威胁韩信要么用剑刺他，要么从他的胯下钻过去。韩信知道这是对自己的羞辱，但还是选择从恶少的胯下钻过去。因为他知道，如果用剑去刺对方，一定会被抓到官府。他在牢狱之中，又何谈远大抱负呢？正是因为他的隐忍，令他成为一代名将。

隐忍并不是意味着退缩和懦弱，而是韬光养晦，聚集力量，厚积薄发。"小不忍则乱大谋""退一步海阔天空"。如果隐忍更有利，那么就应该收敛自己的冲动。在教育孩子勇于表现自我时，也要训练孩子的自控力，让孩子学会隐忍，厚积薄发。

爱在我家训练营的一位学员晓宇妈妈，最近发现儿子晓宇突然对魔方很感兴趣，时常将魔方拿在手里，聚精会神地转动着，也时常在电脑、手机上搜索玩魔方的视频，自学其中的技巧。而且妈妈没想到的是，晓宇在玩魔方上很有天赋，仅自学了一段时间，就掌握了很多技能，已经可以在很短的时间内就还原一个魔方了。

有一天，晓宇回家后递给妈妈一张表格，是市内举办魔方比赛的报名表。晓宇跟妈妈说他很想参加。妈妈问晓宇参加魔方比赛的目的是什么，晓宇说他想要赢得冠军，并且对冠军奖杯势在必得。

妈妈却不建议他报名。晓宇问妈妈为什么，妈妈说，参加市级比赛的都是魔方高手，他们玩的魔方难度都很高，即使晓宇去参加比赛，也很大概率获得不了名次。更为重要的是，如果晓宇在比赛中取得的成绩不理想，无疑会打击他的自信心。所以，妈妈告诫晓宇，如果只是体验参加比赛的乐趣，那么就可以去，如果是想得到冠军，就要学会隐忍，并在隐忍中提升自己。等自己的水平提高后，再去参加比赛，才有机会得奖。

第七章·其实孩子更需要柔韧性　175

图36　教会孩子厚积薄发

晓宇最终采纳了妈妈的建议。妈妈也为晓宇找了一个专业的老师，晓宇还加入了一个魔方俱乐部。经过系统的学习，他还原魔方的速度越来越快。在第二年市里举办的小学组魔方比赛中，晓宇获得了一个非常不错的成绩。

在参加比赛时，晓宇意识到自己的水平依然有待提升，他不由得想到，如果一年前他选择参加当时的比赛，在海选的时候可能就会被淘汰。他更加明白了妈妈的苦心，也明白了隐忍的必要性。

如果已经对某件事很有把握、准备妥当时，可以勇敢向前。但是，如果对某件事情没有把握、没有准备好时，就要学会隐忍，认真准备。

父母如何引导孩子学会隐忍呢？陈老师有以下几点建议：

1.引导孩子懂得隐忍的目的。

想让孩子学会隐忍，就需要让孩子知道隐忍的目的。父母可以给孩子创造一些需要他们隐忍的情景，引导孩子从中找出隐忍的目的。譬如，父母可以定时给孩子一些零花钱，告诉孩子可以用零花钱买他想要的东西。当孩子发现想买一样东西但是零花钱不够，需要慢慢积攒时，就能体会隐忍的重要性，明白隐忍的目的是买到想要的东西。只有孩子先懂得隐忍的目的，才能做到隐忍。

2.引导孩子分析当下状况。

很多时候，孩子在做某件事情时，还没有分析就做了，结果自然不尽如人意。在做一件事时，需要先分析困难点，这样在做的时候成功的概率才会更大。父母要引导孩子学会分析。可以从两个方面进行，一个是事物本身，一个是自我认知，分析清楚情况后孩子才能知道需不需要隐忍。

3.培养孩子的自我控制能力。

通常来说，懂得隐忍的人，其自我控制能力是极强的。想让孩子学会隐忍，父母不妨先训练孩子的自控力。自控力就是自我支配的能力，拥有自控力，孩子就可以自觉根据目的来支配、调节自己的行动，克服各种困难。可以通过一些自控力小游戏帮助孩子提升自控力，比如棉花糖实验，也可以先锻炼孩子的注意力，注意力提升了，孩子就会下意识地控制自己。

隐忍并不是害怕，它是一种很重要的心理素质，能够帮助孩子更好地获得胜利。但父母也需要告诫孩子，隐忍不等于一味忍让，也需要把握尺度，在孩子成长的过程中，父母要不断帮助孩子对隐忍的程度做情境区分。

## 既要善良,也要冷漠

明代文学家马中锡的作品《东田文集》中有这样一篇寓言故事。

晋国时期,有一位大善人,名叫东郭先生。一天,东郭先生骑着毛驴前往中山国谋求官职。

路上,一匹受了伤的狼突然从草丛中蹿了出来,它走到东郭先生面前,可怜兮兮地说:"先生,我被一个猎人追赶。猎人不只射伤了我,还想将我杀死。求您大发善心,将我藏在您的书袋里吧!等我安全了,一定会好好报答您的。"

东郭先生看到狼的状况真的很惨,起了怜悯之心,但他也知道狼会吃人,于是对狼说:"我可以救你,但是我要将你绑起来,以免你伤害我。"

狼听从了东郭先生的话。东郭先生绑住狼的四肢,将它放入书袋子。没一会儿,猎人追了过来。猎人四处张望,没有发现狼的身影,便问东郭先生:"先生,你有没有看到一匹狼?知不知道它往哪儿跑了?"

东郭先生回答没有看到。猎人信了东郭先生的话,朝别的方向追去。狼听见猎人的脚步声越来越远,便央求东郭先生放它出来。东郭先生心软,不仅将狼放了出来,还解开了绑住狼四肢的绳子。

不过,狼并没有离开,而是阴森森地对东郭先生说:"先生既然这么善良,不如好心到底,我现在肚子饿了,您就当我的食物吧!"说着,狼朝东郭先生扑了过去。

东郭先生一边与狼缠斗，一边骂狼忘恩负义。就在东郭先生即将葬入狼腹时，一个扛着锄头的农民恰好路过。

东郭先生向农民讲述狼忘恩负义的过程，希望农民能帮助他。但狼否认东郭先生救过它的命的事实。农民想了想，对东郭先生和狼说："你们的说法如此不同，我也不知道谁说的是真的、谁说的是假的。不过，书袋那么小，怎么能装下狼呢？这样吧，不如东郭先生先把狼装进去给我看看，这样就能判断谁在撒谎了。"

狼想了想，同意了农民的要求。东郭先生绑住了狼的四肢，将它放入了书袋。这个时候，农民立即用绳子扎紧书袋口，挥起锄头狠狠砸向狼，三下两下将狼打死了。

农民打死狼后，意味深长地对东郭先生说："狼是野兽，是改变不了吃人的习性的。你对狼善良，就是将自己送入狼口。"

东郭先生恍然大悟，从此以后，再也不盲目善良了。

这篇故事阐述的是做人不能盲目善良，否则吃亏的只会是自己。

几乎每一位父母都希望孩子能够成为一个善良的人，善良的人更能够受到他人的尊重和喜爱。"做人要善良"，这句话没有错，但是不能盲目善良，因为社会上的坏人会利用人的善良做坏事，而其产生的恶果往往由善良的人承担。

在很长一段时间里，"该不该扶跌倒的人"成为人们热议的话题，因为曾经有人故意摔倒，引得善良的人上前搀扶，最后却污蔑善良的人撞到了自己，善良的人的善举不仅没有得到好的回报，反而成了被勒索的借口。直到现在依然有很多人抗拒扶起跌倒的人，因为害怕自己的善良会成为别人伤害自己的武器。

尽管"善良"可能会被利用，但父母依然要教导孩子成为一个善良的人，因为善良带给孩子更多的是好处。它能够使孩子在成长过程中获得源源不断的幸福感和安全感，也能令孩子获得更多的机会。当然，为了防止孩子的善良被利用，父母在教导孩子善良的同时，也要教导孩子学会冷漠，比如在特定环境下，比如在空无一人的街道遇到独身一人的求助者，先思考和质疑，明辨好坏，预想后果。如果后果自己可以承担，那么可以发挥善良，如果后果自己不能承担，那么就要学会冷漠。

爱在我家训练营中的静静爸爸曾分享他的经历。他的女儿叫静静，静静所在的学校每次期中、期末考试时，老师都会随机抽取全校同年级的学生，将其放在同一个考场。这样做的目的，是防止熟悉的学生交头接耳，传递答案。

一次期末考试，静静来到自己的考场，找到自己的座位坐下，坐在她身后的小男孩拍了拍她的肩膀。静静回过头问什么事，小男孩笑嘻嘻地问静静成绩怎么样，静静如实回答说还可以。

小男孩立即哀求静静："在考试的时候能不能给我抄一下答案？给我递个小字条什么的？"静静想也不想便拒绝了。小男孩却不死心，他可怜兮兮地说："求求你给我抄一下吧！我这次要是考不好，我爸爸肯定会揍我的，他揍人可疼了。"

静静很同情小男孩，但是她依然选择拒绝。如果她给小男孩抄答案或是传递小字条，被老师发现，她也会被牵连，被判定为作弊，轻一点儿的惩罚是被老师警告，重一点儿的惩罚则会被算作零分。她在分析出事情的后果对她很不利后，选择了坚守立场，冷漠拒绝。

在教导孩子既要善良，也要守护立场，适时冷漠时，坚坚老师有以下几点建议：

1.提高孩子的警惕心。

图37 既要教孩子善良，也要教孩子冷漠

"害人之心不可有，防人之心不可无。"孩子需要善良，也需要警惕心。有了警惕性，才不会让善良成为伤害自己的利刃。父母在给孩子灌输"真善美"的同时，也要告诉孩子社会险恶、人心险恶，加深孩子对社会以及人性阴暗面的认知，带孩子看一看负面的社会新闻报道。

2.提高孩子明辨是非的能力。

很多被善良伤害的人，是因为不能明辨是非，行动快于思想，最终吃了大亏。父母要教育孩子先明辨，再行动，提高孩子明辨是非的能力和独立思考、质疑的能力，减少被伤害的可能。

## 既要把握，也要放手

一件漂亮的衣服，适合自己才会加分，不适合自己就会减分；一场比赛，准备充分才能大放光彩，准备不充分只能黯然退场；一个朋友，趣味相投相处起来才轻松愉快，如果丝毫没有共同语言，只会沉默尴尬，特别难受……

世界上有很多美好的事物，也有很多来之不易的机会。这些美好的事物和难得的机会摆在面前的时候，是把握，还是放手呢？如果适合自己，就要把握；如果不适合自己，继续把握只会痛苦难堪，还不如放手。

在孩子成长的过程中会面临无数机会。这些机会，有些会给孩子带来益处，有些会给孩子带来害处。只有孩子既懂得把握，也懂得放手，把握那些适合自己、对自己有益的，放手那些不适合自己、对自己有害处的，人生才会更加绚丽多彩。

有一个关于"取舍"的故事：

从前有一个人觉得自己的生活沉重，为了让自己的生活轻松些，他去寻找智者，请求智者给予指点。

智者给这个人一个背篓，将他带到了一条石子路上，然后对他说："现在你沿着这条石子路走，每走一步你就捡一块石头放在背篓里，看看你有什么变化。"

这人按照智者的话去做，走的路越长，捡起的石头越多，背篓越重，最后压得他已经挺不起腰了。

这人将感受告诉智者后,智者对他说:"这就是你觉得生活沉重的原因。在生活中,你不断地捡东西,并都放在心里,自然越来越重,越来越累。"

这人又问智者,有没有什么方法能够减轻心里的沉重。智者回答说:"你的心里放了太多东西,工作、爱情、家庭、友谊、金钱、名声、权力……你愿意扔掉多少,就会轻松多少。"

人生就像挑着一个担子行走,需要的放进来,不需要的就立即舍弃,否则只会徒添负担。父母希望孩子的人生美好快乐,如果发现孩子拥有的东西令他感觉不到快乐,何不引导他选择放手呢?

父母既要教导孩子懂得把握,也要教导孩子懂得放手。只有既懂得把握又懂得放手的孩子,人生才能轻松快乐。

爱在我家训练营中的妞妞妈妈曾经分享她的经历。有一次,妞妞放学回家告诉妈妈一个消息,学校组织了两场比赛,分别是作文比赛和英语比赛。

作文比赛不是当场写作文,而是让参加的同学写名著读后感,积累到一定篇数后上交,由老师评选出获奖者;英语比赛是定时默写单词,默写最多、准确率最高的同学才能获奖。

作文和英语妞妞都很喜欢,所以她两个比赛都报名了。妞妞每天写完作业后需要花很多时间读名著、写读后感,写好读后感就已经很晚了,还要继续背单词,但这时候整个人已经很困了,记忆力也很差,背的单词第二天一早就忘记一大半。

妈妈发现妞妞力不从心后,告诉她,人的时间和精力是有限的,如果两个比赛都参加,效率肯定不如只参加一门比赛的同学,这样的话根本不可能获奖,妈妈的建议是只选择其中一个参加。

> 人的时间和精力是有限的,你只能选择其中一个,要不然你就什么都做不好。

**图38 教会孩子取舍**

妞妞也发现,最近这段时间写的读后感自己都很不满意,单词也没记住多少,进度和参加一门比赛的同学相比差很多。她接受了妈妈的建议。尽管她很难取舍写作和英语,但最后还是选择放手,只选择一个。

生活很现实,有时候鱼与熊掌就是不可兼得。在这个时候,就要迅速做出抉择,倘若继续拖延,可能鱼与熊掌都会失去。该把握的时候及时把握,该放手的时候也要及时放手。

成功的人不会让适合自己的机会丢失,也不会死抓着不适合自己的机会不放。

父母该如何教导孩子成为一个既懂得把握又懂得放手的人呢?李贺老师有以下几点建议:

1.在生活中，多让孩子取舍。

即使是成年人在面对自己喜欢的东西时，也很难放手，更何况是孩子。但是，"一回生，二回熟"，第一次放手时会感到很痛苦，但第二次、第三次放手时，痛苦感就没有那么强烈了。因此，在生活中，父母可以多给孩子创造一些取舍的机会。

2.帮助孩子提升满足感。

通常来说，满足感强的孩子对不属于自己的东西、不适合自己的机会不是很执着。所以，父母可以试着提升孩子的满足感，可以用延迟满足的方式，在孩子想要一样东西时，延迟一段时间再给予，这样孩子在得到后会更满足，也就能提升满足感。延迟满足的过程也可以磨炼孩子的忍耐力和意志力，提升孩子的自控力。

当孩子的满足感得到提升，就会明白取舍的关系，更多一分自信、独立和坚强。

3.引导孩子分析，做出适合自己的选择。

"机不可失，时不再来。"机会是不等人的，适合自己的机会就要牢牢抓住，不适合自己的机会也要及时松手，以免错过下一次选择。怎样判断机会适不适合自己呢？分析当前的综合局势。分析的结果利大于弊，可以把握；分析的结果弊大于利，及时放手。父母需要引导孩子分析事物，通过分析的结果做出适合自己的选择。

# 第八章
## 掌控内心的孩子才能掌控自己

逆商高的孩子，是人格稳定、情绪稳定的，对自己也有清晰的认识，能自主掌握自己的内心。无论情况如何，逆商高的人总能看到积极的一面，坦然面对压力；无论有多少负面情绪，逆商高的人总能自我调节和控制，很快恢复情绪；无论身处什么环境，逆商高的人总是独立、自律，知晓自己该做什么。
　　父母想要提升孩子的逆商，就需要培养孩子的自我管理能力和自我控制能力，让孩子自己掌控自己的内心。

## 教孩子缓解压力的办法

每个人都会有压力,适当的压力,可以令人进步,但过度的压力,会令人焦虑、烦躁,内心异常沉重。成年人尚且会因为压力暴走,更何况孩子呢!

或许,很多父母觉得,孩子衣食无忧,有父母挡风遮雨,能有什么压力呢?事实上,孩子面临的压力比父母只多不少。

孩子面临的压力大致来自以下几个方面:

来自父母的压力。为了孩子有一个美好的未来,父母便会对孩子有要求,如要求孩子学习各种才艺、要求孩子考出好成绩等。父母的要求越高,孩子感受到的压力越大。

来自他人的压力。这里的"他人",有孩子的老师、朋友和同学,甚至是陌生人。老师与父母一样,也希望自己的学生能有一个好前程,督促孩子的学业、成绩,孩子想要提高学习成绩,就会有压力;孩子会与朋友、同学之间产生矛盾,这些矛盾也会给孩子带来压力;有时候,陌生人也会给孩子带来困扰,这些困扰也是孩子的压力。

来自生活方面的压力。在生活中,孩子可能会因为调皮捣蛋而闯祸,害怕父母和他人的批评,产生压力。

孩子承受的压力过多,会对他们的心理发展、生长发育、行为表现产生不利的影响。从心理发展来说,孩子长期处在压力之中,可能会变得敏感、自卑、孤僻、内向、暴躁、偏激……从生长发育来说，压力可能会使孩子生长发育迟缓；从行为表现来说，压力可能会让孩子的行为出现两个极端，漠不关心或歇斯底里。

过多的压力会对孩子产生很多危害，父母一定要时刻关注孩子承受的压力，并帮助孩子排解过多的压力，教授孩子排解压力的方法。

爱在我家训练营中的琪琪妈妈曾分享她的经历。

小女孩爱美，琪琪也不例外。有一段时间，琪琪因为长身体，吃得多，胖了点儿。在妈妈看来，胖一点儿也没什么，只要不影响健康就没关系。但是，琪琪格外在意，并因为自己胖了而产生了很多压力。

体育课上，老师让两个同学一组，轮流压腿做仰卧起坐。琪琪和一个非常瘦的同学一组，琪琪坐在同学脚上时，同学说她好重，并夸张地说自己的脚都要被坐扁了。同学无心的话让琪琪满脸通红。后来，轮到琪琪做仰卧起坐时，同学都压不住她。于是，老师换了一个同学来帮助她。

这节体育课后，琪琪对自己的身体格外敏感，压力倍增。

琪琪妈妈和好友逛街时，给琪琪买了一条漂亮的连衣裙，还按照琪琪大概的尺寸买大了一号。琪琪看到连衣裙开心极了，进卧室换上了。琪琪穿上后，妈妈发现连衣裙有点紧。琪琪弟弟还口无遮拦地说一点儿也不好看。琪琪忍不住哭了起来。

这之后，琪琪开始有意识地减肥，减少饭量，但是晚上饿得睡不着，又爬起来吃宵夜、零食。一段时间后，她不仅没有瘦，还又胖了一点儿。这令她压力更大，整个人萎靡不振，开始变得不自信了。

妈妈知道孩子长时间受压力的困扰会给她带来各种负面的影响。在疏导琪琪压力的同时，妈妈也引导她自己处理压力。妈妈的方法让她开始运动发泄压力。妈妈告诉琪琪，坚持运动不仅会让她感到快乐，还能让她瘦下来。

每一次运动过后,琪琪的内心便不再那么压抑了,同时,她也一点点瘦了。渐渐地,她不再有来自身材方面的压力了。

与其帮助孩子排解压力,不如教授孩子排解压力的方法。

父母可以教授孩子哪些排解压力的方法呢?陈老师有以下几点建议:

1.转移注意力。

孩子会感到有压力,是因为他的注意力都在这件事情上,如果能够将注意力转移,可以很快从压力的旋涡中走出来。转移注意力的方法有运动、听音乐、看电影等。只要让自己全身心投入到另外一件事情上,转移注意力,都能有效排解压力。

2.向他人倾诉。

与他人交流,向他人倾诉是一种很好的排解压力的方法。压力会带来负面情绪,向他人倾诉会让负面情绪得到很大缓解,可以引导孩子向父母或朋友倾诉,说出自己的烦心事,以缓解自己的压力。

3.心理暗示。

虽然父母的安慰和鼓励能够帮助孩子有效缓解压力。但是,父母不可能时刻关注孩子。所以,还是要让孩子学会安慰自己、鼓励自己。让孩子学会心理暗示法,需要注意的是,心理暗示法的方向要乐观积极,譬如"我可以""我很棒"等,都是积极的心理暗示。这样才能有效缓解压力。

4.换个角度看问题。

同一个问题,站在不同的角度,就会有不同的看法。很多时候,孩子会感到压力,是因为恰好站在令自己产生压力的角度看待问题。如果能换个角度看待问题,可能就不会有那么大的压力了。

譬如在参加比赛的时候,如果孩子的目的是想获奖,就会产生压力;如果孩子的目的是体验,是历练自己,那么就不会有那么大的压力了。

对孩子而言，压力是阶段性的，在他们成长的每个阶段都会遇到令他们感到压力的事情。想让孩子不受压力的控制，就需要教授孩子排解压力的方法。只有孩子占据主动权，学会进行自我调节、自我控制和自我管理，积极、乐观地面对压力，才不会被压力打垮。

排除不良情绪干扰，专注当下。

孩子成长的过程也是学习的过程，除了要学习课本上的知识，还要学习生活中的知识。但是，不良情绪可能会影响孩子的学习进度。

不良情绪指一个人对客观刺激进行反应后所产生的过度情绪，包含持久性过度消极情绪和持久性过度激动情绪。持久性消极情绪是指悲伤、愤怒、焦躁等消极情绪消失后，人依然长时间处于消极状态；持久性过度激动情绪是指人的积极心理体验过分强烈，超出正常限度，譬如持续性狂喜。

不管是何种情绪，只要超出一定范围都会给孩子带来负面影响。不良情绪会令孩子无法专注于当下的学习，还会影响以下几个方面：

影响孩子身体健康。医学研究表明，不良情绪中的负面情绪，如焦虑、恐惧、愤怒、悲伤等情绪，会影响孩子的生长发育，降低孩子的抵抗力，也会令孩子的记忆力、注意力、思考力等衰退。

影响孩子的心理健康。当孩子长期受到不良情绪困扰时，尤其是负面情绪，会令孩子失去信心，陷入悲观，消极地看待事物。久而久之，孩子会变得敏感、自卑，严重的甚至会产生抑郁情绪。

影响孩子的正常生活。当孩子受不良情绪影响时，很多举动都是无意识的，这些无意识的举动可能会令孩子的人际交往变得紧张，令孩子的日常生活变得杂乱无章。

虽然孩子年纪小，但他们对外界的感知不比成年人弱，甚至比成年人还敏感。孩子很容易因为某件事情而产生不良情绪。有数据表明，在我国，绝大多数的孩子都受到过不良情绪的困扰，其中15%的孩子正在遭受不良情绪带来的各种伤害。

一位教育心理学专家曾经说过："情绪失控的孩子，不仅不能对事情有全面准确的认知，而且也不能理智地面对来自生活的种种考验。"可见，孩子的情绪对其成长有至关重要的作用。

父母需要时刻观察孩子是否受到了不良情绪的困扰，观察孩子是否失去对情绪的自控力。及时引导孩子排除不良情绪的干扰，培养孩子自我情绪管理的意识和能力。帮助孩子消除不良情绪的困扰，他们才能专心地投入到当下的学习中。

爱在我家训练营中的浩浩妈妈曾分享她的经历。

有一天，浩浩放学回家后，心情特别好，整个人特别兴奋。妈妈问他什么事值得他这么开心，浩浩告诉妈妈，他的一个同学快要过生日了，邀请他去参加。

对此，妈妈很不解，因为浩浩时常会参加同学的生日会，但从来没有见过他像今天这样激动兴奋。细问之后，妈妈才知道，原来浩浩的同学给每个参加生日会的同学准备了一个小小的伴手礼——一个卡通人物模型。卡通人物模型恰好出自浩浩最近痴迷不已的动画片。

浩浩的兴奋点有两个：为即将得到卡通人物模型激动；为不知道同学会送他哪个卡通人物而激动。在这种过度兴奋的影响下，原本只要一个小时就能完成的作业，浩浩花了整整三个小时才完成。妈妈检查他的作业时，发现了很多错误，连一些最基本的计算都错了。

很显然，浩浩的激动、兴奋已经发展成了不良情绪，这股不良情绪导致他根本不能集中精力投入学习。

图 39　帮助孩子排除不良情绪

妈妈知道必须先引导浩浩排除不良情绪的干扰，才能让他集中精力做眼下的事情。妈妈直接从源头上解决了他的不良情绪。妈妈让浩浩直接给同学打电话，问问生日会上的卡通人物模型是哪些卡通人物，送给自己的是哪个卡通人物模型。浩浩知道答案后，情绪就没那么激动了。

自控力强的人，掌握情绪；自控力弱的人，被情绪掌握。相较于成年人，孩子的自控力和自我管理能力更薄弱，所以时常会受到不良情绪的干扰。父母应该帮助孩子锻炼自控力，以排除不良情绪的干扰，让孩子健康成长。需要注意的是，父母应该更多地给予孩子引导，更多地让孩子独立自主地排除不良情绪。只有孩子占据主动权，才不会被不良情绪牵着鼻子走。

父母该如何引导孩子排除不良情绪的干扰呢？李贺老师有以下几点建议：

1.引导孩子正确发泄不良情绪。

情绪就像是洪水，找地方发泄就会退洪。当不良情绪发泄出来后，人也不再会受到不良情绪的干扰。父母可以引导孩子正确发泄不良情绪。可以通过运动、大哭、大喊等方式发泄不良情绪。

2.陪伴孩子解决困扰。

"解铃还须系铃人"，孩子会产生不良情绪，必然是受到了某个事物的影响。所以，最直接的排除不良情绪干扰的方法，就是直击问题。父母需要陪伴孩子找到不良情绪的原因，从源头解决。当困扰孩子的事情解决了，自然就不会再有不良情绪了。

3.换个环境排解不良情绪。

不良情绪是会发酵的，在一个密闭环境中待久了，整个人会被不良情绪紧紧包围。当孩子受到不良情绪干扰时，不要让他们闷在屋子里，可以带他们换一个环境。换的环境需要满足两个条件：一个是宽敞畅通，一个是安静。譬如公园，心情焦躁时去公园看看绿植，听听鸟叫，心里的焦躁会被慢慢抚平。

4.以静制动，逐渐缓解不良情绪。

当孩子的情绪过度消极或过度积极时，可以引导孩子看看书、写写字。以静制动能够让孩子的心态变得淡定、平和，逐渐缓解不良情绪。

5.引导孩子认知情绪，管理情绪。

正确认识情绪，是管理情绪的前提，也是排除不良情绪干扰的前提。父母要引导孩子认真、全面地了解情绪，加强对自我的了解和反思，及时察觉自己的情绪变化，迅速给出正确的应对，有意识地控制情绪，实现情绪稳定、心态安稳。

任何一种情绪都不能过度堆积，一旦超过孩子的心理承受限度，就会令孩子产生困扰。当孩子有产生不良情绪的征兆时，父母要及时引导孩子排除。没有不良情绪的干扰，孩子才能专心致志地继续人生这趟学习的旅程。

## 提升孩子的适应力

有一部电影叫《荒野猎人》，讲述了这样一个故事：

休·格拉斯是19世纪20年代的一位皮草猎人。为了猎获更多的皮草，他和狩猎队伍进入了荒野丛林。在一次打猎中，他们的队伍遇到了印第安人的袭击，他虽然侥幸逃生，却遭到了棕熊的袭击，被撕咬成重伤，性命垂危。

因为天气非常恶劣，大部分皮草猎人先行撤离，只剩下休·格拉斯的儿子和几个猎人照顾他。可怕的是，留下来照顾休·格拉斯的猎人中，有一个非常残暴贪婪的人，他不仅杀害了休·格拉斯的儿子，还将重伤的休·格拉斯丢在荒野之中，让他自生自灭。

休·格拉斯悲痛万分，为了复仇，他努力在暴风雪天气中活下来。在荒野之地穿行数个月后，最后回到了皮草猎人的聚集地，并成功复仇。

这部电影主要讲述了一个复仇的故事，但是也展示了人超高的适应能力和顽强的求生能力。电影中的休·格拉斯先适应了受了重伤的身体，又适应了恶劣的天气，还适应了随时会面临野兽攻击的荒野生活。他极强的适应能力，让他在荒野中成功生存。

在现实生活中，没有人的生活是一成不变的，总会遇到各种各样的变故，孩子也是如此。应对这些变故需要的就是适应力。

适应力既是一种能力，也是一种不屈不挠的精神。有了强大的适应力，孩子对环境和事物就会变成"钝感"而不是敏感，能轻松融入新环境，不管身处什么环境，都能坦然应对。有了强大的适应力，孩子能及时调整自己的身体状态和心理状态，不仅能尽快解决所面临的问题，还能让自己变得更为出色和强大。

孩子因为年纪小、经历少，所以在成长过程中的每一件事，都需要用到适应能力。适应能力除了能让孩子轻松克服生活中的种种困难外，也会令孩子的身体、心理得到健康的发展。

良好的适应能力可以令孩子的身体更加健康。当天气突然变冷，身体适应力强的孩子能够快速适应天气的变化，身体适应力弱的孩子则会因为不能及时适应而生病。

良好的适应能力可以令孩子的心理更加健康。当孩子从熟悉的环境转换到陌生的环境时，适应力强的孩子能快速融入新环境，心理波动小；适应力弱的孩子不能或者很慢才能融入新环境，并在融入的过程中惶恐不安，焦虑难当，不利于心理的健康发展。

可见，适应力是孩子不可缺少的一种能力。适应力是可以通过长时间训练提升的。比如身体的适应能力，在孩子第一次长跑时，可能气喘吁吁，疲惫不已，但是经过多日训练后，气息会越来越平稳，也不会感到那么疲惫了。这是因为孩子的身体已经适应了长跑，适应能力得到提升。当然，适应能力不仅指身体上的，也有心理上的。心理适应能力也能通过训练提升。

在爱在我家训练营中，媛媛的妈妈曾经分享她的经历。

在媛媛小时候，妈妈经常给她读睡前故事。从她1岁多持续到3岁多,每天妈妈都一边抱着她,一边讲故事,她听着听着就睡着了。以至于现在每次媛媛上床睡觉前,都会喊妈妈给她讲故事,甚至到了没有妈妈抱着她给她讲故事,她就会很难入睡的地步。

媛媛3岁的一天,妈妈被外派去其他城市学习,时长2周。这期间,媛媛由奶奶照顾。媛媛在睡觉前,依然吵着要听故事。媛媛奶奶的脾气很温和,拿着一本故事书,准备读给她听。但是媛媛无理取闹起来,说要妈妈读故事给她听。奶奶告诉她,妈妈出差了,才让她稍微安静下来。

在奶奶读故事的过程中,媛媛又发起小牢骚,一会儿说奶奶的声音不好听,一会儿说故事不精彩。奶奶已经将故事读完了,她还是没有一点儿睡意。奶奶又给媛媛读了好几个故事,但媛媛依然睁着眼睛不想睡觉。

奶奶问媛媛为什么不想睡觉,媛媛说她想妈妈抱着她给她读故事。奶奶只能不断告诉媛媛,妈妈出差了,不能给她讲故事。此后,每天晚上在睡觉前媛媛都会折腾一番,很晚才睡觉,但奶奶很有耐心,不断向媛媛灌输"妈妈出差了,不能给你讲故事"这一信息。

图40 帮助孩子提升适应能力

最后，媛媛适应了奶奶的照顾，可以正常睡觉了。这是因为奶奶不断强调"妈妈出差了"的信息，让媛媛提升了适应能力。

因此，孩子的适应能力是能够通过一些方法提升的。

如何提升孩子的适应力呢？坚坚老师有以下几点建议：

1.尽可能让孩子独立解决困难。

独立的孩子，适应力都很强，遇到问题时会迎难而上。父母要懂得放手，在孩子遇到困难的时候，尽可能让孩子独立完成。在独立解决困难的过程中，孩子的适应能力会得到很大提升。孩子解决问题后获得的成就感，会令孩子越发想要独立，越发不畏惧困难。这也是适应能力强的体现。

2.将孩子放置于逆境之中。

一棵小树经历过风雨的吹打，才能适应大自然的恶劣环境。同样，让孩子处于逆境之中，也能提升他们的适应能力。父母不能一味地为孩子挡风遮雨，要为孩子创造身处逆境的机会，以提升其适应环境，尤其是适应逆境的能力。

3.通过情境演练提升孩子的适应力。

当孩子遇到自己熟悉的情况时，会展现出极强的适应力，当遇到不熟悉的情况时，会胆怯、退缩。因此，父母在平时可以和孩子做一些情境游戏，通过模拟不同的情境，来提升孩子的适应力。

4.帮助孩子认清现实。

孩子的潜力是无穷的，能够发展出极强的适应能力。前提是，孩子得认清眼前的现实。譬如媛媛认清了妈妈出差不可能抱着她、给她讲故事的事实，只能适应现状，她的适应力也因此提升。

生活的美好，一定程度上取决于孩子的适应能力。如果孩子的适应力很强，那么他的生活就是多姿多彩的。为了让孩子与美好生活相遇，父母要有意识地提升孩子的适应力。

## 培养孩子自律

东汉时期，有一个名叫孙敬的年轻人。他非常勤奋好学，每天都读书到深夜。然而，每到三更半夜时，他就会犯困。为了不影响学习，他想出一个方法，他找来一根绳子，将绳子的一头系在房梁上，一头系在自己的头发上。当他打瞌睡，头低下来的时候，绳子就会扯住他的头发继而扯痛他的头皮，他因疼痛而清醒，然后继续读书。

战国时期，有一个名叫苏秦的政治家，他有远大的抱负，想干一番大事业。但是，因为读书不多，几乎没有人愿意重用他。于是，他下定决心好好读书。他每天晚上都会读书到深夜，感到疲惫的时候，就用锥子刺自己的大腿，疼痛使他清醒，又继续读书。

这是成语"悬梁刺股"中的典故，"悬梁刺股"因此用来形容勤奋好学。典故中主人公除了传递出勤奋好学的精神，也展现了何为极强的自律。

什么是自律？指在没有人监督的情况下，自己要求自己，主动约束自己，做该做的事情。自律是一种修养，也是一种信念，充斥在生活中的每一个角落。譬如，每天几点起床、几点睡觉，按照计划做事，等等。这些都需要自律才能完成。

通常，自律的人更优秀，更独立自主，更有可能获得成功。

父母要观察自己的孩子是否自律。如果孩子有做一件事总需要父母再三提醒、督促，在吃喝玩乐时不懂得适可而止，看到什么就想要，制定的计划从来不遵循等习惯，那么就需要提高孩子自律能力了。

孩子缺乏自律会带来哪些危害呢？

影响孩子的交际。自律的人也是有原则的人，决定了就会执行，非常靠谱。相反，不自律的人通常想一出是一出，答应别人的事也可能临时反悔，没有原则性，很不靠谱。不自律的人往往没有好人缘。

影响孩子的日常生活。在生活中，很多事情都需要靠自律完成，譬如，每天整理自己的卧室、做日常计划等。当孩子缺乏自律，生活也很可能一团糟。

影响孩子的学习。在孩子的成长过程中，需要学习很多东西，这些学习到的东西可能直接影响孩子的未来，而学习是需要自律的。

影响孩子的自我控制能力，甚至影响孩子的身心健康。比如，因为孩子不自律，长期不运动，总是控制不住地吃许多垃圾食品，影响身体健康；因为孩子不自律，总是做不到自己的承诺，被别人排斥，会逐渐变得敏感、自卑，影响心理健康。

自律是一种执行力，在孩子学习和成长的过程中是极为重要的。自律也代表自信、专注、自控。孩子学会自律，才能懂得自爱，敢于自省，善于自控，进而变得强大，无坚不摧。

爱在我家训练营中的靖靖爸爸曾经分享他的经历。

靖靖是个动漫迷，当某段时间靖靖非常喜欢某部动漫时，就会对动漫的剧情念念不忘。一年暑假，靖靖经同学推荐，观看了《航海王》这部动漫，仅看了一集就非常喜欢，继而一发不可收，陷入其中。

《航海王》是一部近一千集的动漫，为了追剧，靖靖连吃饭、刷牙、洗漱的时间都在追剧。每次妈妈催促靖靖关电视，应该做暑假作业或睡觉的时候，他都会以"暑假才刚刚开始"为由拒绝执行。

妈妈不想逼孩子太紧，所以在暑假的前十天，妈妈都让他自己安排时间。但是，十天过去了，靖靖依然没有要学习和做暑假作业的想法，甚至又延长了每天看动漫的时间。妈妈意识到，靖靖在看动漫上是极其缺乏自律性的。

为了让靖靖自律，妈妈让他写了一份暑假学习计划表，并定下奖惩措施。妈妈允许他看动漫，但前提是完成当天的计划。如果完成了，可以观看两集，如果没有在规定时间完成，当天就不能看动漫。

因为奖惩措施的威慑，靖靖每天都准时完成计划表上的计划。当完成计划成为一种习惯，他的自律也就养成了。

如何培养孩子的自律性呢？陈老师有以下几点建议：

1.以身作则，成为自律的父母。

孩子是否自律，与孩子所处的环境有直接的关系。父母自律，孩子也会学着自律；父母不自律，孩子也很难养成自律的习惯。所以，想要孩子学会自律，父母自己得先学会自律。在孩子面前以身作则，孩子受到父母的影响，也会成为一个自律的人。

2.引导孩子制定计划，并设置奖惩措施。

孩子缺乏自律性，是因为没有计划，如果制定计划，并按照计划来做，久而久之就会养成习惯，也就拥有自律性了。父母可以引导孩子制定计划，设置奖惩措施，以鼓励和鞭策孩子严格按照计划执行。

3.引导孩子关注自律的结果。

很多时候，当知道某件事的结果对自己有益，那么孩子不需要他人提醒也会去做。父母在培养孩子自律的时候，不妨先引导孩子将目光放在自律的结果上。当孩子发现自律的结果对自己有益，就会自己做到自律。

4.训练、提高孩子的自控力。

虽然拥有自控力的孩子，并不一定自律，但是没有自控力的孩子，肯定无法自律。父母要有意识地训练和提升孩子的自控力，按照规则做事，循序渐进地提升。积累成就，改变认知思维，进而形成独立的自律性。

培养孩子独立的自律性不是一朝一夕就能成功的，它是一个漫长的过程。当孩子在某件事上养成了习惯，习惯就会转变为自律。

## 帮助孩子消除恐惧感

人是群居性动物，无法避免地要与其他人产生交际。交际对人的生活十分重要，通过交际，既可以让他人有所得，也可以让自己有所得。孩子也需要交际来满足自己的需求，譬如，结交朋友、获得知识等。但是，并不是每个孩子都擅长交际，有些孩子不仅不擅长社交，甚至恐惧社交。

社交恐惧实际上是一种心理问题。当孩子有社交恐惧时，会表现出不喜欢出门，喜欢一个人独处，不愿意和陌生人交流，无法快速适应新环境，过度自我，介意别人的评价，甚至心悸、心慌。

如果孩子有这样的表现，就要警惕，孩子可能已经有社交恐惧了。

对社交的恐惧不仅会影响孩子的日常生活，还会影响到孩子的身体、心理健康。

为什么孩子会对社交产生恐惧感呢？引起孩子产生社交恐惧的原因很多，主要有以下几个方面。

第一，与性格相关。如果孩子性格内向，就会不愿意与人来往，然而，越不与人交际，就会越恐惧交际。

第二，孩子在社交中可能受到过伤害。比如在社交中，孩子受到了他人的欺骗，并造成了实质性的伤害，这会令孩子对他人失去信任感，对社交产生恐惧。

第三，与父母的影响有关。如果父母从小就过分渲染陌生人的危害，总是叮嘱孩子不要和陌生人说话，警惕陌生人的言行，就会令孩子对陌生人心生恐惧，不敢轻易交际。

第四，与所处环境有关。交际是一个摸索的过程，与陌生人建立友好关系，需要很长的过程。如果父母经常搬家，或是孩子总是接触不同的人，会令他们对建立友好人际关系产生疲惫感，缺乏成就感。久而久之，孩子就不愿意交际了，最后发展成为恐惧交际。

在发现孩子恐惧社交时，如果父母不及时引导孩子排除恐惧，对孩子的成长和未来会带来诸多不好的影响。

赋能对话训练营的一位家长曾分享她引导女儿琳琳走出社交恐惧的经验。

琳琳的社交恐惧比较特殊，她不恐惧与成年人社交，却恐惧与和她年龄相近的孩子社交。造成恐惧的原因是她认为和同龄人社交会损害她的"利益"。

她会有这样的想法，与她的一次经历有关。

琳琳在4岁之前是不恐惧与同龄的小朋友社交的，相反，她会主动找小朋友玩。4岁那年，她在小区的儿童游乐场里认识了两个小朋友，每一次碰见都会和她们一起玩，相处很愉快。

有一回，妈妈带琳琳去小区的儿童游乐场玩，还带了她最喜欢吃的草莓。妈妈让琳琳邀请她的小伙伴一起吃，琳琳有些不乐意，她不想将她最喜欢的水果分享出去。妈妈一再强调"好朋友要懂得分享"，她才将两个小朋友邀请过来。令琳琳没想到的是，两个小朋友也很喜欢吃草莓，并且吃的速度相当快。而琳琳吃东西向来慢，所以她没吃几个，草莓就没有了。

琳琳没有吃过瘾，情绪很不好。之后，她和两个小朋友玩耍时，看到一个小朋友的口袋里装了很多糖果，她用大人一样的口吻和她说："好朋友要懂得分享。"言外之意是希望对方能邀请她一起吃。不过，小朋友对琳琳的话充耳不闻，没有与她分享糖果。

因为这次经历，琳琳认为交朋友一点儿也不好，会分走她自己喜欢的东西，之后她就很抗拒和同龄的小朋友相处。

后来，妈妈发现琳琳一反常态，总一个人玩，不主动跟其他小朋友玩，让她找其他小朋友一起玩，琳琳也总是拒绝，妈妈意识到她可能存在社交恐惧了。

在帮助琳琳克服社交恐惧时，妈妈是从两个方面出发的，一个是从根源上引导她克服对社交的恐惧感，即纠正"交朋友会分走她的东西""朋友不会和她分享"的观点；另外一个是为她创造良好的社交环境，鼓励她社交。渐渐地，琳琳摆脱了对社交的恐惧。

每个孩子在小时候都会经历失败、遇到难题，产生消沉、恐惧的负面情绪，这不足为怪。父母应该帮助孩子战胜这些负面情绪，使孩子努力获得自信、勇敢和坚强，这也是教育的价值所在。

如何帮助孩子摆脱恐惧，勇敢社交呢？坚坚老师有以下几点建议：

1.多给孩子创造社交的机会。

社交能力是可以经过锻炼得到提升的。父母要多给孩子创造社交的机会，让孩子独立与人交流，多交各个年龄段的朋友。社交的次数越来越多后，他们不仅会克服对社交的恐惧感，还能够摸索出社交的技巧，积累社交的经验。

2.提升孩子的自信心。

有心理学家认为，绝大多数对社交有恐惧感的孩子，其内心都是缺乏自信的。他们害怕在与人交际的时候，会因为说错话、做错事而遭到他人的嘲笑。然而，在社交中每个人都会犯错误。想让孩子摆脱对社交的恐惧，父母要注重对孩子自信心的培养。如何培养孩子的自信心呢？提升孩子的涵养、锻炼孩子的身体、多给予孩子夸奖和肯定，等等。孩子开朗自信，也就不会再恐惧社交了。

3.给孩子创造有利于社交的生活环境。

在不同环境中成长的孩子，其社交能力也不同。譬如，经常旅行的孩子，因为见多识广，会十分健谈；经常走亲访友的孩子，与人交际时，尤其与长辈交际时，很会说吉祥话。父母需要给孩子创造有利于社交的生活环境，孩子在这样的环境中成长，就会将与人交际当成一件再寻常不过的事，也就不会恐惧社交了。

4.给孩子独立的机会。

人可以通过社交满足自己的需求，孩子也是如此。但是很多父母将孩子的事大包大揽，以至于孩子不需要社交就能满足需求。想让孩子不恐惧社交，父母就要给他们独立的机会，让他们通过社交满足自己的需求，也就不会对社交很恐惧了。

恐惧情绪不及时疏导，会越发严重。如果父母放任孩子恐惧社交，孩子就可能发展成社交恐惧症。那样，不仅会给孩子的身心健康带来伤害，还需要耗费更多的时间和精力才能让孩子摆脱社交恐惧。父母要注意关注孩子的社交动态，多带孩子参加社交活动，引导孩子克服社交恐惧，独立、自主、自由地交朋友。

## 提升孩子的承受力

在如今这个高速发展的社会，人们的生活节奏越来越快，"竞争"充斥在生活的每一个角落。

商场折扣时，需要眼力、速度才能以优惠的价格买到心仪的产品；岗位空缺时，需要与众人竞争，打败竞争对手，才有机会获得岗位；外派学习时，需要与同事竞争才会得到机会……父母感受到人生处处有竞争，所以在教育孩子的时候，也会给孩子灌输竞争意识，希望自己的孩子领先其他孩子。

不可否认，竞争能够使人进步，但如果孩子过分看重竞争，则会受到伤害。极其看重竞争的孩子，通常对输赢也很看重。如果在竞争中胜利，孩子会虚荣心膨胀；如果在竞争中失败，孩子会陷入沮丧，甚至丧失自信。

极其看重竞争的孩子，很可能会有输不起的心态，为了赢不择手段，将自己的竞争对手当作敌人。在这种心态的影响下，孩子会产生偏激、嫉妒、仇视、阴鸷等不良心理情绪。

曾经有一则这样的新闻：一个女孩从小就被父母灌输竞争意识，所以她特别看重输赢，尤其是考试成绩。女孩很刻苦，很争气，每次考试都名列前茅。有一次，她遭遇了滑铁卢，成绩跌出了前三名。女孩难以接受，开始寻找原因，她听其他同学说，一个成绩排在她前面的同学有作弊行为。女孩很生气，在没有核实的情况下，对那名同学实施了非常偏激的手段：校园霸凌。

可以看出女孩十分"输不起"。而且，不管同学有没有作弊，女孩都不应该采用如此偏激的手段进行报复。

竞争本就是赌局，胜败概率各占一半，孩子不可能永远是胜利的一方，总有失败的时候。父母需要帮助孩子摆脱"输不起"的心态，提升孩子的抗压力和承受力。

清朝时期，有一位著名的红顶商人，名叫胡雪岩，在他的生意如日中天的时候，他遭遇了经济危机，一夕之间失去了万贯家财。胡雪岩的亲朋好友都为他的遭遇感到惋惜，但胡雪岩坦然地说："做生意本来就有风险，况且我也没损失什么。因为在做生意之前，我不过是一个每个月只有 4 两银钱的小伙计。现在，我的境况比以前好太多了。"在失去万贯家财后，胡雪岩没有怨天尤人，而是坦然接受结果。他之所以能看得开、输得起，是因为他是一个承受力极强的人。

想让孩子从小就能输得起，父母需要提升孩子的承受力。只有孩子拥有强大的承受力，才能淡定地看待竞争的输赢。

在爱在我家训练营中，强强的爸爸曾经分享他的经历。

有一回，强强所在的学校举办运动会。强强代表班级报了长跑项目。因为强强平时的跑步速度就不慢，所以老师、同学都对他寄予厚望，他自己也格外看重这次比赛的输赢。

为了能赢，强强付出很多努力，每天下午放学回家后，他都会在家附近的公园里跑一圈。喜欢睡懒觉的他，现在不用妈妈喊他，就早早起床，出去晨跑半小时。日复一日的锻炼，令强强的体能、速度都得到了提升。

运动会的前一天，强强突然跟妈妈说，他现在穿的运动鞋弹跳力不行，希望妈妈给他买一双弹跳力好的运动鞋。妈妈告诉强强，新鞋与脚需要磨合，穿新鞋跑步可能会影响速度。但强强不以为然，坚持要买，妈妈还是给他买了。

如妈妈预料的那般，强强穿上新的运动鞋比赛后，在最初的几百米还好，越跑到后面，就越感到脚尖十分疼痛。虽然他咬牙坚持跑完了，但也没能跑进前三名。

强强很沮丧，回家后，不停地跟妈妈抱怨"鞋子不合脚""比赛不公平""如果能够重新比赛，他一定能跑赢"这样的话。很显然，在这次比赛中，强强有输不起的心态。为了让他认清现状，妈妈引导他一一分析那些所谓的理由。

妈妈告诉强强，这场比赛很公平，因为裁判老师和其他比赛选手并没有强迫他穿一双没有与脚磨合好的新鞋，所以不可能重新比一次。妈妈还强调，在比赛之前已经告诫过他，新鞋可能存在的风险，但是他一直坚持。强强认清了现实，也接受了自己的失败。

图 41　帮助孩子提升承受力

为了让强强不失去自信，妈妈对他比赛时的表现和精神给予了肯定。妈妈还鼓励他，在下一次比赛的时候，只要准备妥当，他一定会赢的。

孩子的一生会遇到无数的竞争，父母不可能每一次都陪在孩子身边开导、鼓励他们，因此要提升孩子的承受能力，让他自己坦然面对竞争结果。

在提升孩子的承受力时，陈老师有以下几点建议：

1.帮助孩子认清现实。

很多输不起的孩子，在输了之后，不愿意面对输的现实，沉浸在如果能重来的幻想之中。这时候，父母需要帮助孩子认清现实。只有认清现实，孩子才能接受自己输了的结局。

2.纠正孩子以自我为中心的陋习。

通常，输不起的孩子有很强的"以自我为中心"的习惯，他们认为别人的目光都是放在自己身上的，别人都没有自己厉害。但事实上，别人根本没那么关注他，比他厉害的人也很多。父母需要帮助孩子纠正"以自我为中心"的陋习，自然孩子对输赢的承受力就会提升。

3.培养孩子坦然的心境。

承受能力强的孩子，心境都是坦然、淡定的。父母需要注重对孩子坦然的心境的培养。可以让孩子学习一些修身养性的才艺，给孩子灌输正确的竞争意识，父母自己也不要过分看重输赢。

4.锻炼孩子的意志力。

承受力与意志力息息相关，意志力强的孩子，其承受力也很强。父母可以锻炼孩子的意志力，来提高孩子的承受力。给予孩子承受挫折和困难的机会，让孩子学会与逆商做朋友，意志力得到提升，内心也会变得强大，不畏惧承受失败，敢于直面失败。

"得之我幸，失之我命。"在竞争中，赢了是幸运，输了是命运，都需要坦然接受。有时候输了并不一定是坏事，因为这可以总结教训，得到经验，也是在为下一次赢做准备。